쾌거의 공간사

폐기의 공간사
쓰레기통부터 매립지까지,
쓰레기가 거쳐 가는 모든 공간들

초판 1쇄 발행   2025년 11월 27일
초판 2쇄 발행   2026년 1월 13일
지은이   김이홍
리서치   이지형
편집   박성진, 김미선
디자인   박고은

발행처   사이트앤페이지
발행인   박성진
출판등록   제2025-000037호

서울시 은평구 통일로 1010 B228호
02-6396-4901
siteandpage@naver.com
www.siteandpage.com
ISBN 979-11-994251-1-8 (03540)

이 책의 판권은 지은이와 사이트앤페이지에 있습니다.
이 책 내용의 전부 또는 일부를 재사용하려면
반드시 양측의 서면 동의를 받아야 합니다.
잘못된 책은 구입하신 서점에서 교환해 드립니다.

폐기의 공간사
쓰레기통부터 매립지까지,
쓰레기가 거쳐 가는 모든 공간들

목차

프롤로그

6 우리가 버리는 그 많은 쓰레기는 어디로 가는 것일까?

1장 쓰레기는 어떻게 도시를 바꾸었을까?   11

- 14 쓰레기통·쓰레기차
- 21 더스트슈트
- 25 쓰레기장·분리수거장
- 31 하천
- 37 하수도
- 43 적환장
- 48 재활용품 선별장
- 53 소각장
- 58 매립지

2장 도시의 쓰레기는 어디로 흘러갈까?   67

우리는 얼마나 버릴까?
- 70 전국 폐기물 발생량
- 72 전국 1인당 생활폐기물 배출량
- 74 전국 재활용 폐기물 발생량

쓰레기의 종류와 처리법
- 76 폐기물 종류별 처리 방법 비율
- 78 시도별 폐기물 비율

감추어진 폐기의 공간들
- 80 서울시 쓰레기 적환장, 재활용품 선별장 및 자원회수시설
- 82 전국 소각장 및 매립지 현황
- 84 서울시 폐기물 동선

우리는 얼마나 다시 쓸까?
- 86 재활용 폐기물 종류별 비율
- 88 폐기물 순환 과정

3장 버려진 것들의 공간, 랜드마크가 되다　　91

- 94　오스트리아 빈 슈피텔라우 소각장
- 98　덴마크 코펜하겐 코펜힐
- 102　일본 무사시노 클린센터
- 106　일본 히로시마 나카 소각장
- 110　영국 리즈 재활용에너지 회수시설
- 114　프랑스 이시레물리노 이세안 소각장
- 118　미국 뉴욕 프레시킬스 공원
- 122　서울 하늘공원과 노을공원
- 128　부천아트벙커B39
- 132　대구수목원

4장 리사이클링을 위한　　137
　　　 새로운 공간의 탄생기, 아이엠팩토리

- 140　AI 자원회수 로봇이 바꿔 낸 폐기의 경로와 일상
- 144　공장 부지의 척박한 콘텍스트에서 수많은 힌트를 찾아내기까지
- 150　거스를 수 없는 제약이 만들어 낸 U자형 매스
- 159　세상과의 소통을 강조한 아이엠팩토리의 입면 이야기
- 164　팩토리를 살아 숨 쉬는 뮤지엄으로

에필로그

- 184　폐기에서 생산으로, 시설에서 공간으로, 건물에서 지역으로

인천 간척지 위에 조성된 위생매립지인 수도권매립지 제2매립장의 모습. 출처: 수도권매립지관리공사

프롤로그

**우리가 버리는
그 많은 쓰레기는
어디로 가는 것일까?**

우리는 일상 속에서 '폐기'라는 행위를 별다른 고민 없이 반복한다. 버리는 일은 너무도 익숙하고 간편하다. 하지만 그 이후의 과정은 대부분 가려져 있다. 수거, 분류, 처리, 소각, 재활용… 이 모든 과정은 도시 어딘가에서 누군가의 수고로 돌아가고 있지만, 우리는 그 흐름을 잘 알지 못한다. 이 책은 그런 '보이지 않는 흐름'과 관련된 공간들을 조명해 보고자 하는 시도에서 시작되었다.

건축가의 시선으로 바라본 폐기의 공간들은 생각보다 다양하고 흥미로웠다. 기피시설로만 인식되던 공간이 점차 긍정적인 모습으로 변모하고 때로는 도시의 랜드마크로 다시 태어나는 변천을 인문학적 관점에서 추적해 보는 과정은 나에게도 뜻밖의 영감을 주었다. 동시에 이 주제를 통해, 건축이 단지 형태를 만드는 작업을 넘어 도시 안에서 어떻게 작동되고 사회와 연결되는지를 질문해 볼 수 있었다.

이 책 『폐기의 공간사』가 독자들에게도 새로운 관점과 영감을 전할 수 있기를 바란다. 우리가 스쳐 지나치던 분리수거장, 적환장, 소각장, 매립지, 하수도… 이 공간들이 사실은 도시의 운영을 떠받치는 중요한 시스템이며, 인간 삶의 단면이자 우리 사회의 얼굴이라는 점을 함께 인식할 수 있기를 바란다. 무엇보다 폐기물이 재활용되고 자원으로 순환되는 과정을 전보다 세세하게 살피며, 환경과 공간에 대한 새로운 생각을 시작할 수 있기를 기대한다.

다행히도 최근에는 이러한 공간들을 단순한 기능 위주의 기반시설로 두지 않고, 공원이나 문화시설 등 시민 생활과의 접점을 넓히는 방식

시민들이 수퍼빈의 인공지능 순환자원 회수 로봇인 '네프론'에 페트병, 알루미늄캔 등 순환자원을 넣는 모습. ⓒ수퍼빈

으로 '재생'하는 사례들이 점점 늘고 있다. 하남 유니온파크, 부천아트벙커 B39, 코펜하겐의 코펜힐 같은 곳들은 폐기 관련 시설들이 공공 친화적인 시설, 혹은 '호감형 공장'으로 거듭난 사례다. 폐기의 공간들에 콘텐츠가 적극 개입한 순간, 도시 인프라는 시민에게 닫힌 공간이 아니라, 교육적이고 열린 장으로 작동할 수 있다.

내가 설계에 참여했던 수퍼빈의 아이엠팩토리 프로젝트는 그런 점에서 더욱 특별했다. 건축을 하며 주로 미학적·공간적 고민을 중심에 두고 프로젝트를 진행해 왔던 나에게 하나의 전환점이 되어 주었다. 이 시설은 단순히 생산 설비만을 위한 공간이 아닌, 방문객을 들이는 '열린 공장'으로 계획되었기 때문에, 기존의 공장 건축과는 전혀 다른 접근이 필요했다. 수거된 플라스틱이 페트 플레이크로 재탄생하기까지의 전 과정을 하나의 투명한 흐름으로 보여 주는 것. 그것이 바로 이 프로젝트의 핵심이었다. 설비 라인과 기계들은 내가 담아야 할 '주체'였고, 외피가 아니라 내부의 흐름과 동선, 경험의 구조를 먼저 설계해야 했다.

무엇보다도 이 프로젝트는 수퍼빈이라는 기업이 지역과 환경에 미치는 긍정적인 영향력을 건축적으로 시각화한 작업이었다. 호감을 줄 수 있는 공공 친화적 공장을 만드는 것이 목표였고, 콘텐츠 기획자, 조경가, 발주처의 브랜딩팀 등과 긴밀한 협업을 통해 풍성한 결과물을 만들어 낼 수 있었다. 사회와의 접점이 분명한 건축에 참여한 경험은 나에게도 깊은 보람이자 배움이 되었다.

쓰레기는 여전히 불편한 존재다. 우리는 그것을 가능한 한 빨리, 멀리 밀어내고 싶어 한다. 하지만 누군가는 그것을 처리하고, 이러한 노력이 도시의 지속가능성을 유지시킨다. 우리는 더 이상 '보이지 않는 곳에서 잘 처리되겠지'라는 인식에 머물러선 안 된다.

『폐기의 공간사』는 우리의 눈에 보이지 않던 공간과 숨은 노고를 드러내고, 이 공간들이 어떻게 변화해 가는지를 추적하는 책이다. 우리가 기피하던 대상이었던 쓰레기와, 그 쓰레기를 다루는 공간이 사실은 얼마나 중요한 사회적 역할을 하고 있는지를 이해하는 데서 변화는 시작될 것이라 믿는다.

이 책이 독자 여러분, 특히 건축이나 환경 문제에 관심 있는 많은 분들에게, 익숙한 일상의 이면을 새롭게 바라보는 계기가 되기를 진심으로 바란다. 그리고 우리가 마주한 이 도시의 뒷모습을 더 정직하고, 더 책임감 있게 바라볼 수 있기를 바란다.

일러두기

1   외국 인명이나 지명, 작품명 등은 국립국어원의 외래어 표기법을 따랐으며,
    일부는 자주 사용되는 용례와 현지의 실제 발음을 고려하여 표기하였다.
2   영화 제목은 꺾쇠로(〈〉), 국문 논문 및 법률명은 홑낫표(「」)로, 국문 단행본과 정기간행물 등은 겹낫표(『』)로
    묶어 주었으며, 신문기사 제목은 큰따옴표("")로, 신문사명은 겹꺾쇠(《》)로 묶어 주었다.
3   단락 우측 또는 좌측의 번호는 해당 줄에서 완결된 문장의 내용을 보완하는 각주 표시이다.

쓰레기는 어떻게
도시를 바꾸었을까?

1

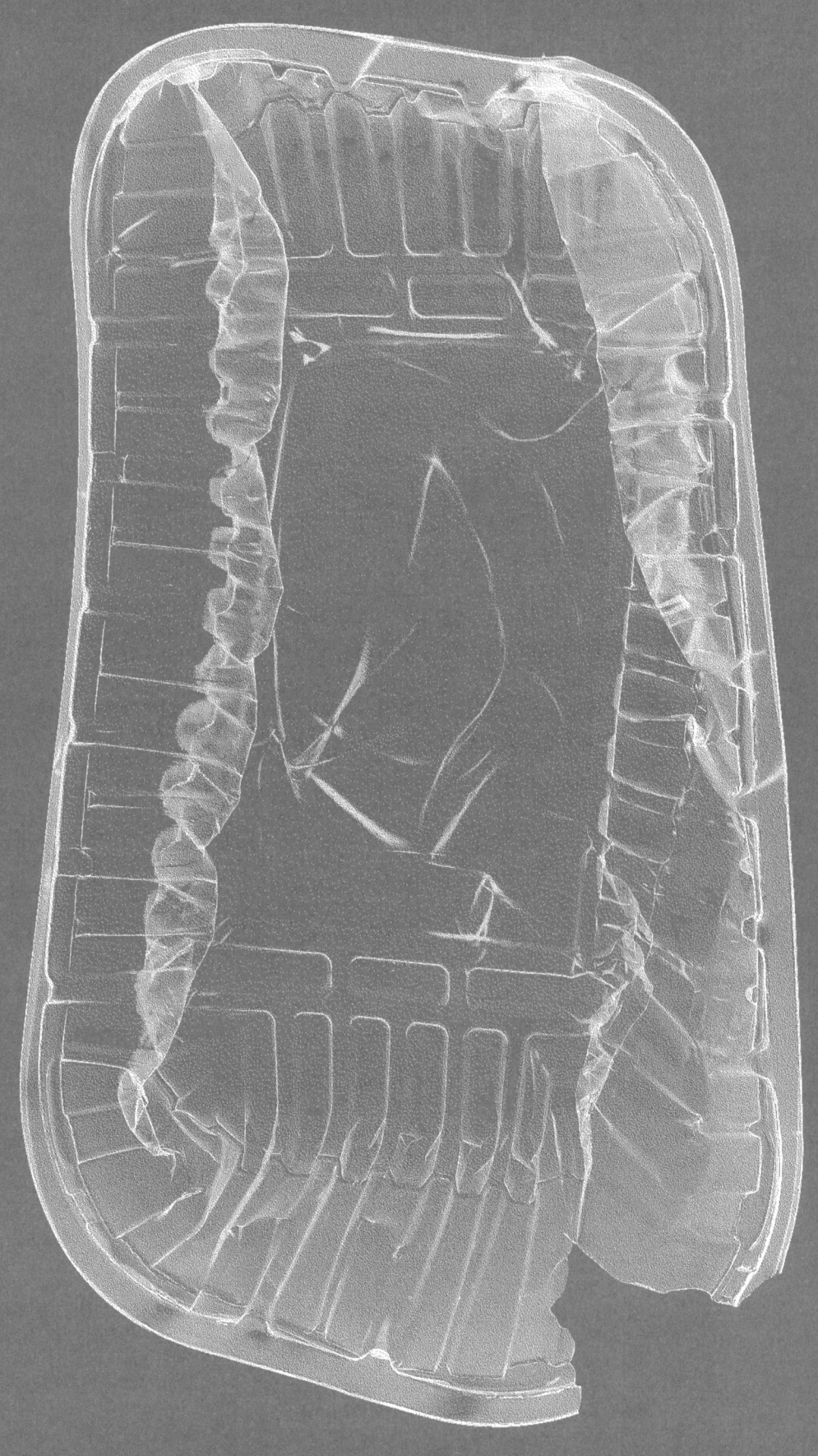

모든 존재에게 공간이 필요하듯, 버려지는 쓰레기에게조차 공간은 필요하다. 아주 작게는 쓰레기통부터, 아주 크게는 대형 매립지와 소각장에 이르기까지. 쓰레기의 관점에서 도시 공간의 변천사를 바라보면 어떤 인사이트를 발견할 수 있을까?

쓰레기의 역사는 인류의 탄생과 함께 시작되었다고 말해도 과언이 아니다. 물론 인구 수가 적고 폐기물의 양이 많지 않을 땐 큰 문제가 되지 않았다. 사람들이 도시를 이루어 더 많이 모여 살기 시작하면서부터, 쓰레기를 처리할 다양한 방법들이 필요해졌다. 한때는 길가와 하천에 아무렇게나 내다 버렸지만 근대의 '위생' 관념이 도입되면서 정부 주도의 쓰레기 수거가 시작되었고, 분리수거 시스템이 도입되어 현재에 이르고 있다. 이러한 변화 속에서 쓰레기는 도시의 시스템을 변화시키고, 도시의 공간 구조를 변화시켜 왔다. 마치 살아 있는 유기체처럼 말이다.

이번 장에서는 쓰레기가 거쳐 가는 가장 작은 공간부터 큰 공간까지, 스케일에 따라 폐기의 공간들을 살펴본다. 단순히 하드웨어적인 부분만이 아니라, 폐기 공간의 탄생부터 현재까지의 역사, 그 안에서 벌어지는 역동과 노동에 이르기까지 다양한 이야기를 살필 예정이다.

쓰레기통·쓰레기차 근대 위생이 발명한
가장 작은 폐기의 공간

일상 속에서 사용 빈도수가 높은 물건들을 떠올려 보자. 물컵 같은 생활용품부터 테이블이나 의자 같은 가구류, 스마트폰이나 냉장고 같은 전자제품까지, 우리는 생각보다 많은 수의 물건을 사용하며 살아간다. 그런데 이러한 필수 생활재들을 떠올리며 '쓰레기통'을 생각해 내기란 쉽지 않다. 부엌, 화장실, 침실 등 공간마다 비치되어 있는데도 그 존재를 잊게 된다. 심지어는 매일 방문을 여닫는 횟수보다 쓰레기통을 여닫는 횟수가 더 많을 지경인데도 말이다.

요즘은 센서가 달린 쓰레기통을 비롯해 다양한 디자인의 제품이 나오고 있지만, 쓰레기통의 기본 구조는 아주 단순하다. 쓰레기를 넣을 수 있는 본체, 냄새를 막고 해충의 출입을 막아 주는 뚜껑이면 충분하다. 그래서일까. 쓰레기통은 아주 오래전부터 지금의 모습으로 우리 곁에 있었을 것만 같다. 마치 인류 초기부터 있었던 다양한 식기류와 의복처럼 말이다. 하지만 '쓰레기통'의 역사는 생각보다 오래되지 않았다. 그리고 쓰레기통의 출현은 우리 삶, 도시의 모습을 생각보다 더 많이 바꾸어 놓았다.

언제부터 쓰레기를 모아서 버리기 시작했을까?

일정한 크기의 용기에 쓰레기를 모아, 정해진 시기에 외부로 배출하는 일상. 이러한 풍경이 현대인들에겐 익숙하겠지만, 사실 쓰레기통과 쓰레기차는 근대 이전에는 없던 풍경이었다. 거주지 한쪽에 쌓아 두거나, 길가 혹은 하천에 버리거나, 구덩이를 파 모아 두는 게 더 일반적이었다. 하지만 도시화가 가속화되며 폐기물의 양은 기하급수적으로 늘어났고, 노동자들의 위생과 건강을 위협하기 시작했다. 이로 인해 19세기 중반에 이르러 많은 도시들이 '쓰레기 수거 시스템'을 갖추는데, 이때부터 표준화된 쓰레기통의 필요성이 대두되었다.

뚜껑과 손잡이가 있는 표준화된 쓰레기통은 1884년 프랑스 파리에서 처음 쓰였다.

초기의 쓰레기통은 어떤 모양이었을까? 뜨거운 석탄재를 담아야 하기에 잘 녹지 않는 소재로 만들어져야 했고, 청소부들이 수거하는 데 용이한 모양이어야 했다. 재가 날리지 않아야 했고, 쥐나 해충의 침범도 막아야 했다. 그렇게 뚜껑과 손잡이가 있는 금속 재질의 표준형 쓰레기통이 탄생했다. 표준형 쓰레기통이 도입되기 전까지 여러 시행착오가 있었는데, 그중 하나는 '적정 용량'에 관한 것이었다. 독일 베를린에서는 많은 양의 쓰레기를 담기 위해 160L들이의 커다란 쓰레기통이 쓰였는데, 이를 가득 채우면 무게가 200kg에 육박했다. 적어도 2명 이상의 노동자가 필요한, 감당하기 어려운 수준의 고강도 노동을 요한 것이다. 그리하여 쓰레기통의 표준화에는 청소노동자들이 감당할 수 있는 용량과 무게도 포함되었다. 시에서 관리하는 표준형 쓰레기통을 도입한 최초의 사례는 프랑스 파리였는데, 얼마 지나지 않아 리옹, 영국 런던 등 다른 도시들로 퍼져 나갔다.

국내 쓰레기통 도입의 역사

국내에 오물 관리 규칙이 본격 도입된 것은 구한말 일본에 의해서였다. 처음에는 한국에 거주하는 일본 자국민과 군인의 건강을 보호하기 위해 일본인 거주지 중심으로 자체 규약을 만들어 시행하다가 점차 한국인 거주지에까지 확대하기 시작했다.

'쓰레기통'에 대한 규정은 1907년 4월에 시행된 「경성거류민단 오물소제 규칙」에 처음 등장했는데 "토지의 소유·점유·사용자는 일정한 장소에 뚜껑이 있는 용기를 갖추어 청소한 쓰레기를 모아 놓을 것"이라고 정했다. 이 내용은 이후 1936년 12월 시행된 「조선오물소제령 시행규칙」에도 반영된다. '소제 의무자'는 뚜껑이 있는 용기를 갖추고, 필요에 따라 음식물쓰레기용과 일반쓰레기용, 소각재용으로 용기를 구분하여 준비하도록 정하고 있다.

이때부터 한국의 근대 도시 풍경에서 쓰레기통은 아주 자연스러운 존재로 정착해 갔다. 중년 이상의 한국인이라면, 1960~1970년대에 집집마다 대문 밖에 콘크리트제 쓰레기통을 설치해 연탄재를 비롯한 각종 쓰레기를 모아 두던 풍경을 기억할 것이다. 콘크리트제 쓰레기통은 1990년대까지도 골목 곳곳에서 존재감을 드러내며 계속 활용되었다(원래의 쓰임은 아니지만, 집 대문이 잠겨 담을 넘을 때 종종 활용되기도 했다). 그러다 가정용 난방연료로서 연탄의 사용이 줄어들며 점차 자취를 감추었다.

도시의 쓰레기를 운반하는 쓰레기차, 그리고 '전사들'

근대 도시의 쓰레기 수거 시스템에서 쓰레기통과 함께 빼놓을 수 없는 존재는 바로 '쓰레기차'이다. 쓰레기를 주거지와 도심으로부터 멀리 떨어진 곳으로 옮겨 가는 것이 관건이기 때문이다. 쓰레기를 수거하는 전용 자동차가 도입되기 이전에는 손수레, 마차 등이 활용되었다. 기록에 따르면, 멕시코 푸에블라, 에콰도르 과야킬 등 당나귀 수레를 이용했던 도시도 존재한다. [4]

쓰레기 수거 시스템은 문명화된 도시를 판가름하는 지표이기도 했다. 미국의 위생공학자 조지 E. 워링은 뉴욕의 위생 책임자로서 1895년부터 1898년까지 근무하며 뉴욕의 쓰레기 수거 시스템을 근본적으로 개선했는데, 이는 다른 도시들에도 큰 영향을 미쳤다. 우선 워링은 쓰레기통을 유기물 쓰레기, 재, 기타 쓰레기로 나누어 분류하고 수거했다. 또한 청소부들에게 하얀 유니폼을 지급하고, 이들을 '화이트 윙스'라 칭했다. 그는 이들을 '전사들'에 비유하며 '공중 보건과 권위의 상징'이 되기를 바랐다. 이들은 악취가 나

1968년 5월, 서울시는 신속하고 원활한 쓰레기 수거 업무를 위해 삼륜 청소차량을 도입했다. 출처: 서울기록원

---

[1]
로만 쾨스터, 『쓰레기의 세계사』, 김지현 옮김, 흐름출판, 2024, 158~159쪽, 164~171쪽 참조. 기록에 따르면, 뚜껑이 있는 쓰레기통이 최초로 도입되었을 때, 뚜껑이 넝마 줍기에 방해된다는 이유로 넝마 장수들의 반발이 크게 있었다고 한다.

[2]
손영배, 『한국의 쓰레기 2천년사』, 문지사, 1997, 143~144쪽 참조.

[3]
"새「오물청소법 시행규칙」", 《매일경제》 1974년 2월 9일자 기사 참조.

[4]
로만 쾨스터, 『쓰레기의 세계사』, 157쪽 참조.

던 뉴욕의 거리와 도랑을 "감자 껍질 하나, 천박한 멜론 껍질 하나 없"는 곳으로 탈바꿈시켰다. 화이트 윙스는 작은 손수레와 마차를 활용해 쓰레기를 바지선으로 실어 날랐고, 이 쓰레기들은 바다에 버려졌다.

근대 대한제국에도 이러한 '화이트 윙스'와 같은 존재들이 있었다. 바로 '한성위생회'다. 1907년 일본 황태자의 방한을 앞두고 서울 청소(방역) 대작전을 펼쳤는데, 이는 거의 군 작전을 방불케 하는 것이었다. 경성에 거주하는 일본인인 '경성거류민'들에게는 "세대별로 상자, 깡통, 기타 적당한 용기를 갖추어서 쓰레기와 오물을 반드시 그 안에 넣"어 놓으라는 긴급조치가 내려지기도 했다. 청소대작전에서 나온 엄청난 양의 쓰레기를 운반하기 위해 50대의 마차, 손수레가 준비되었고, 각 지구에 1~2명의 순사가 배치되어 운반작업을 감시감독했다.

1967년 서울시 골목길의 모습. 집집마다 대문 앞에 설치된 콘크리트제 쓰레기통이 모습이 보인다. 출처: 서울기록원

1930년대에 쓰레기 수거차량이 개발된 이래, 압축기, 덤프스터 등 다양한 기능을 접목한 수거차량이 날로 발전되고 있다. 도시를 도시답게 만드는 출발점에 쓰레기통과 쓰레기 운송수단이 있었다. 쓰레기통, 쓰레기차의 변천사를 들여다보면, 효율적으로 쓰레기를 운송하기 위한 도시의 관심과 노력이 드러난다.

거리에서 사라진 쓰레기통, 그리고 도시의 풍경

쓰레기통은 '폐기의 공간' 중 가장 작고도 일상적인 장치이며, 한 도시의 위생 수준과 질서를 가늠할 수 있는 바로미터이기도 하다. 하지만 한국의 도시에서는 유독 거리에서 쓰레기통을 찾기 어렵다. 손에 든 쓰레기를 들고 한참을 걷다가 겨우 하나를 발견하는 상황이다 보니, 결국 주변 어딘가에 무심히 놓고 가는 일이 빈번하다.

이러한 쓰레기통의 부재는 단순한 인프라의 부족이 아니라, 정책적 판단에서 기인한 것이다. 1990년대 후반부터 여러 지자체는 정확한 분리수거와 무단 투기 방지를 이유로 공공 쓰레기통을 대거 철거했다. 그러나 그 결과는 역설적이었다. 무단 투기와 거리 오염은 오히려 더 늘었고, 공공 공간의 질서도 함께 무너졌다.

쓰레기통은 종종 기피시설처럼 여겨지지만, 사실 도시를 구성하는 중요한 물리적 요소다. 가로등, 벤치, 자전거 거치대, 표지판처럼 쓰레기통 또한 도시를 구성하는 '스트리트 퍼니처(street furniture)'의 일종이다. 이러한 장치들은 본래의 기능을 수행하는 것을 넘어, 도시의 분위기와 정체성을 형성하고, 시민의 행동과 동선을 유도하는 사회적 역할을 한다.

잘 설계된 쓰레기통은 도시 풍경과 조화를 이루며, 공공성을 상징하는 조형물로 기능할 수 있다. 세계의 여러 도시는 이처럼 쓰레기통을 도시디자인의 일부로 인식하며 운영하고 있다. 파리는 클래식한 디자인의 철제 쓰레기통을 도심 전역에 배치해 거리 풍경과 조화를 이루고 있고, 스웨덴의 일부 도시들은 태양광으로 작동하는 스마트 압축형 쓰레기통을 도입하여

5
로만 쾨스터, 『쓰레기의 세계사』, 162쪽 참조.

6
손영배, 『한국의 쓰레기 2천년사』, 153~161쪽 참조.

지속가능성과 효율성을 동시에 확보하고 있다. 뉴욕은 디자이너 및 예술가와 협업해 쓰레기통 외관을 꾸미며, 도시의 정체성을 시각적으로 드러내는 수단으로 활용하고 있다. 한편, 불특정 다수가 모여드는 공항이나 기차역, 지하철역 등에서는 테러 방지를 위한 투명 쓰레기통을 놓듯, 도시의 정치적 이슈, 안보·안전 이슈에 따라 그 모양을 달리하기도 한다.

결국 쓰레기통은 단순한 수거 장치가 아니다. 도시가 공공 공간을 어떻게 대하고, 시민의 일상을 어떻게 설계하는지를 드러내기 때문이다. 가장 작지만 가장 분명한 폐기의 공간, 거리의 쓰레기통은 우리가 살아가는 도시의 태도를 가장 가까이서 말해 주는 존재다.

더스트슈트

가정에서 집하장까지 단숨에, 생활폐기물의 전용 고속도로

고층 아파트에 거주하는 이라면 누구나 한 번쯤 이런 생각을 했음 직하다. '아, 집집마다 누가 찾아와서 쓰레기 좀 수거해 줬으면…!' 혹은 쓰레기를 버리러 가는 이동 거리가 비교적 짧은 1층에 살아 볼까 생각했을지도 모른다. 물론 각자의 집에서, 혹은 거주하고 있는 층에서 쓰레기를 바로 내다 버릴 수 있는 시스템이 아예 없던 것은 아니다. 이런 고민을 한 사람들 중엔 건축가도 포함돼 있었을 테니 말이다. 1990년대 초반만 하더라도 공동주택에서는 '더스트슈트'란 이름의 쓰레기 투입구를 쉽게 찾아볼 수 있었.

'더스트슈트(dust chute)'는 본래 서구에서 시작된 폐기물 수거 시스템으로, 고층 건물의 내부에 설치된 수직 낙하형 쓰레기 배출 장치다. 한국에는 고층 아파트가 도입되던 1960~1970년대에 이러한 서구식 장치도 함께 들어왔다. 건식 쓰레기는 더스트슈트를 통해 아래층 수거실로 내려보내고, 습식 쓰레기는 주방 배수구나 분리된 방식으로 처리하는 시스템이었는데, 당시로서는 매우 혁신적이고 '근대적인' 주거 인프라였다. 관련하여 웃지 못할 일도 함께 전해진다. 1960년대 당시 아파트를 설계하던 건축가들 역시 아파트를 본 적도, 여기서 살아 본 적도 없기에, 해외 아파트 설계 도면에 나온 더스트슈트의 기능이나 이용 방법을 잘 모른 채로 도입했다는 것이다. 기록에 따르면, 더스트슈트가 각 세대 내부에 존재하던 아파트도 있고 (마포아파트), 세대 외부 계단실 앞이나 복도 끝자락에 존재하던 아파트(남산외인아파트)도 있었다. 상계주공7단지 등 지어진 지 오래된 아파트 중에는 외관에서 더스트슈트의 흔적을 발견할 수 있는 아파트들도 많다.

1988년에 준공된 상계주공7단지에 남아 있는 더스트슈트 외양과 옥상 환기 설비. ⓒ최종인

나 역시 어릴 적 살던 아파트에 이 시스템이 있던 기억이 있다. 복도 끝의 금속문을 열고 쓰레기를 던져 넣던 그 감각은 지금도 생생하다. 유학 시절 기숙사에서도 비슷한 시스템을 사용했는데, 한 건물의 여러 층이 하나의 쓰레기 구멍으로 연결된 구조는 그 자체로 수직적인 도시 인프라의 축소판

같았다. 쓰레기봉투를 버리면서도 한 번씩 멈칫했던 기억이 있다. 한 번 버리면 다시 찾기 어렵기에 뭔가 버리지 말아야 할 것이 같이 떨어지지는 않을까 두렵기도 했다. 다른 층에서 던진 봉투더미가 낙하하는 소리가 들리던 기억, 더스트슈트의 금속문보다 큰 쓰레기더미를 쑤셔 넣느라 애를 먹던 기억도 난다.

쓰레기를 버리러 들고 내려갈 것 없이, 집 안, 혹은 복도 끝 더스트슈트의 구멍에 쓰레기봉투를 넣으면 그만인 시스템. 당시로서는 꽤 획기적인 시스템이었지만, 긍정적인 점만 있었던 것은 아니다. 온갖 쓰레기를 내다 버려 쓰레기 저장소가 금세 차오르는가 하면, 1층 거주민들은 쓰레기 낙하음과 악취로 골머리를 앓았다. 또한 쥐와 바퀴벌레가 창궐하는 등의 문제로, 많은 사람들이 저층에 거주하길 꺼려 하기도 했다.

1960년대에 등장해 1970년대에 본격 도입된 더스트슈트는 1990년대 중반에 사라졌다. 1970년대 이전까지는 법적 강제가 없었기 때문에, 더스트슈트는 지자체와 대한주택공사가 건설에 참여한 공영주택에만 제한적으로 설치되었다. 1972년 제정된 「주택건설촉진법」에서부터 법의 적용대상이 민영주택으로 확대됨에 따라 더스트슈트의 설치가 강제되었다. 1991년 4월부터는 구체적 규격과 마감 기준이 정해져 표준화되기도 했다. 하지만 얼마 지나지 않아 아파트 단지의 쓰레기 분리수거를 효율적으로 추진하기 위해 더스트슈트를 의무적으로 폐쇄하도록 「폐기물관리법」의 시행규칙이 마련됐다.

더스트슈트 시스템은 단순한 쓰레기 처리 방식이 아니라, 고층화된 주거 구조 속에서 어떻게 '폐기'를 조직할 것인가에 대한 하나의 건축적 해답이기도 하다. 즉, 더스트슈트는 위생, 효율, 통합 관리라는 개념을 물리적으로 구현한 인프라이다. 서울시립대 박철수 교수는 그의 저서 『박철수의 거주 박물지』에서 더스트슈트의 등장을 근대 주거 기술의 한 사례로 언급하며, 도시 주거의 변화와 위생 관념의 발전을 함께 읽어 낸다.[8]

더스트슈트가 한국의 공동주택에서 완전히 사라진 것은 아니다.

---

[7] 박철수, 『박철수의 거주 박물지』, 도서출판 집, 2017, 127~128쪽 참조.

[8] "아파트 쓰레기 투입구 9월부터 완전 밀봉", 《경향신문》, 1991년 4월 14일자 기사 참조.

좌) 상계주공7단지의 가통 공용 더스트슈트, 우) 과천주공아파트의 쓰레기 저장소. ⓒ최종인

최근 스마트시티 및 신규 재건축 아파트에는 더스트슈트와 유사한 원리를 가진 '생활쓰레기 자동집하시설', '음식물쓰레기 자동이송시스템'이 새롭게 도입되고 있다. 실내 혹은 옥외에 설치된 입구에 쓰레기를 넣으면, 무게가 자동으로 측정되고, 진공관을 따라 지하 저장소까지 이송된다. 음식물쓰레기 자동이송시스템의 경우, 각 세대 내 주방에 설치되기도 한다. 이 시스템은 개별 가구의 쓰레기 배출량을 관리비에 반영할 수 있고, 외부 배출 과정 없이 쾌적하고 위생적인 수거를 가능하게 한다는 점에서 주목받는다.

결국, 더스트슈트는 단순한 편의 장치를 넘어서, 배출부터 집하, 이송까지 '도시 내 쓰레기의 흐름'을 압축한 수직 구조물이다. 지금의 진공 이송 시스템은 그 연장선상에 있으며, 미래의 도시 주거에서 폐기 시스템이 어떤 방식으로 진화할지를 미리 보여 주는 사례일지도 모른다.

쓰레기장·분리수거장

이웃 간 마주침을 주선하는 폐기의 장소

결혼 후 12년 동안 미국과 한국 통틀어 8번째 집에 살고 있다. 모두 공동주택이었지만, 재개발 단지, 주상복합타워, 재건축을 앞둔 40년 넘은 아파트 단지 등 다양한 유형과 시대의 주거지를 경험해 왔다. 의도한 것은 아니었지만, 이처럼 서로 다른 주거 유형을 체험한 일은 건축가로서 중요한 식견과 노하우를 쌓게 해주었다.

직접 살아 보지는 않았지만, 설계자로서 단독주택을 계획할 때 '쓰레기를 어떻게 배출할 것인가'는 빠질 수 없는 고민이다. 지역마다 분리배출 요일과 수거 시스템이 달라, 담장을 계획할 때에도 거주자의 편의성을 고려하면서도 배출된 쓰레기가 거리 경관을 해치지 않도록 지역의 규칙을 꼼꼼히 확인하며 설계에 반영하곤 한다.

공동주택은 설계해 보진 않았지만, 직접 살아 본 입장에서 '쓰레기장과 분리수거장이 본래의 기능 이상의 역할을 한다'는 생각을 종종 한다. 평소 마주칠 일 없는 이웃들을 이곳에서야 마주치며, 우리가 공동주택에 살고 있다는 사실과 묘한 동질감을 느끼는 것이다.

주말 오후가 되면 사람들이 하나둘 양손 가득 재활용품을 들고 아파트 단지 내 분리수거장으로 나오기 시작한다. 약속한 것은 아니지만, 비슷한 시간대에 비슷한 사람들을 만난다. 자주 마주치는 이들에겐 가볍게 목례를 건네기도 하고, 일상의 시시콜콜한 이야기를 건네기도 한다.

쓰레기를 종류별로 분류하며 시간을 보내는 주말 오후라니. 쓰레기를 구분 없이 한데 모아 집 앞에 내놓던 시절에는 상상할 수 없던 일상이자 풍경이다. 공동 쓰레기장과 분리수거장은 언제부터 지금과 같은 모습으로 주거 공간에 자리 잡기 시작했을까?

한국 공동주택의 필수 공간, 공동 쓰레기장과 분리수거장

한국의 도시 주거 유형에서 가장 보편적인 형태는 여러 동으로 구성된 아파트 단지다. 이러한 단지에는 각 동별로 혹은 몇 동을 묶어 하나씩 배치된 쓰레기장과 분리수거장이 일정 간격으로 분포되어 있다. 특히, 분리수거장은 지붕이 있는 반(半)실내 구조물로 설계되어, 비와 눈을 피할 수 있는 고유한 공간 형식을 지닌다.

이러한 형태는 서구의 공동주택 단지에서는 좀처럼 보기 힘든 풍경이다. 서구의 경우, 아파트나 공동주택에서도 개별 가구 앞 수거함이나 공동 컨테이너 방식이 일반적이며, 수거 시점에만 외부로 배출하는 경우가 많다. 반면 한국의 아파트 단지에서는 각 세대가 분리수거된 쓰레기를 직접 들고 나와, 지정된 공간에서 분류·배출하는 체계가 정착되어 있다. 이는 1995년 '재활용 분리배출 의무화' 정책 이후 정착된 생활문화로, 분리수거장이 단지 내 공공 공간으로 기능하게 된 계기다.

산업화 초기의 재활용, 재사용 풍경

산업화 이전에는 쓰레기 자체의 양이 많지 않았을뿐더러, 재활용이란 개념 자체가 희박했다. 19세기 초 유럽만 하더라도 재활용을 할 만한 것은 도시에서 발생하는 말의 분뇨와 넝마 정도였다. 종이 펄프가 개발되기 전까지, 유럽에서 종이는 넝마, 즉 헌옷이나 낡은 옷감을 재활용해 만들었는데, 이 넝마를 주워 파는 '넝마 장수'가 집집마다 돌아다니며 수거했다. 종이 펄프가 개발되어 넝마의 필요성이 사라진 이후에는 고철을 모아 파는 '고철 장수'가 재활용업자의 뒤를 이었는데, 고철 장수 역시 마찬가지로 집집마다 다니며 모았다. 경제적 이점을 노린 업자들을 제외하고는, 분리수거의 필요성을 크게 느끼지 못하던 때였다.[9]

한국 역시 1978년 이전까지는 일반 쓰레기, 음식물 쓰레기, 연탄재 등을 뒤섞어 배출했다. 1977년 구자춘 서울시장이 쓰레기 수거 방식을 개선하라고 지시한 이래 가연성 쓰레기와 불가연성 쓰레기를 구분하기 시작했다. 연탄재는 별도로 모아 벽돌을 만드는 공장으로 보내기도 했다. 이때까지만 해도 분리수거는 다소 소극적인 수준이었다. 플라스틱 등 소재별로 구분하여 버리는 것은 훨씬 나중의 일이다.

반포주공1단지 분리수거장의 모습 출처: 서울역사박물관

---

[9] 로만 쾨스터, 『쓰레기의 세계사』, 216~219쪽 참조.

쓰레기장·분리수거장

쓰레기 분리수거제의 도입과 함께 등장한 '분리수거장'

1980년대 들어 환경 문제는 중요한 국가 정책 과제로 부상하기 시작했다. 1988년 서울올림픽 준비도 주요 배경 중 하나였다. 정부는 1981년 2월 「환경보전5개년계획안」을 발표하고, 각종 공해 및 환경오염에 대한 국가의 중장기적 대책을 세웠다. 또한 「제5차 경제사회발전5개년계획」에 '환경보전 기반의 구축', '수질오염 방지', '대기오염 방지', '폐기물 관리', '교통소음 방지' 등에 관한 계획이 담겨 있었는데, 이 계획에 폐기물의 분리수거도 포함되었다.

1995년부터 주공아파트에는 아파트 1~3개 동당 1곳씩 4~8평 크기의 재활용품 보관소가 설치되었다.

여성·소비자·환경단체들의 지속적인 요구에 힘입어 1991년부터 쓰레기 분리수거가 전면 시행되었다(1월부터 서울시 전역에서 실시되고, 7월부터는 전국에서 의무시행). 1991년 9월부터는 아파트의 쓰레기 투입구(더스트슈트)를 폐쇄하고, 대신 쓰레기 보관함(컨테이너)을 설치하여 이용하게 했다. 이러한 과정을 거쳐 1990년대 중반부터 공동 쓰레기장과 분리수거장이 아파트 단지에 모습을 드러내게 된 것이다.

처음부터 분리수거 제도가 잘 정착된 것은 아니었다. 도입 초기에는 분리수거의 기준이 명확하지 않았고, 분리된 쓰레기를 처리하거나 재활용할 수 있는 인프라도 부족했다. 그러던 중 2003년부터 분리배출표시 제도가 시행되면서, 생산자나 수입자가 제품에 재활용 여부와 분리배출 여부를 의무적으로 표시하게 했고, 이는 국민들이 쉽게 분리배출할 수 있도록 도왔다. 그리고 2011년 분리배출표시가 간소화되고 개선되면서 현재에 이르고 있다.

최근에는 분리수거장이 별도 없었던 농촌마을에도 마을별 분리수거장을 설치하는 추세다. '재활용 동네마당'이라 이름 붙은 이 시설은 농촌 단독주택, 오래된 공동주택 등 분리배출이 취약한 지역의 재활용품을 분리·배출·보관하는 시설이다.[10] 서울, 수도권이라 하더라도 저층 주거지 밀집지역에서는 여전히 분리수거장이 따로 없어 재활용품 선별에 많은 시간과 비용을 들이고 있다. 다른 이물질과 섞여 30%만 재활용되는 등 자원낭비 문제가 심각했다. 최근 서울의 몇 자치구들은 이를 해결하기 위해 매주 한 차례 관내 저층 주거지의 거점장소에 '재활용품 분리수거 정거장'을 만들어 분리수거를 돕고 있다. 쓰레기를 처리할 수 있는 아주 획기적인 방안이 발명되지 않는 이상, 쓰레기가 만들어지는 곳 어디서든 분리수거장의 필요성을 느낄 것이다. 함께 살아가는 거주지의 풍경에서 떼려야 뗄 수 없는 공간이지 않을까.

최근에는 지붕, 벽면이 스틸 자재로 견고하게 만들어지고, 별도의 수전함과 배전함이 설치된 분리수거장의 모습을 찾아볼 수 있다.

---

[10] 이삭 기자, "아파트에서나 볼 수 있는 분리수거장이 충북 음성 시골마을에 생긴 이유는?", 《경향신문》, 2020년 7월 1일자 기사.

공공주택과 분리배출 정책이 만들어 내는 독특한 풍경

앞서 이야기했듯 분리수거장은 쓰레기를 버리는 장소이자, 이웃 간에 날씨, 자녀 이야기 등 다양한 주제의 대화를 나누는 커뮤니티 공간이기도 하다. 주말 오후, 분리수거장 앞에서 펼쳐지는 소소하고 정겨운 장면은 고층 주거와 분리배출 정책, 그리고 공공성을 고려한 공간 설계가 결합하여 형성된 독특한 풍경이다. 도시의 실외 공간 중에서도 이처럼 자연스러운 만남과 교류가 이루어지는 장소는 많지 않다. 우리는 무언가를 '버리러 나오는' 길 위에서, 뜻밖의 대화를 시작하곤 한다.

하천

가장 오래된 폐기 공간에서 주거 프리미엄에 이르기까지

폐기의 공간들을 다루는 이 책에서 갑자기 '하천'이 등장하니 어리둥절할 사람도 있을 것이다. 맑고 깨끗한 식수원이 흐르고, 어린아이들이 발을 담근 채 뛰노는 현재의 하천변을 떠올린다면 어리둥절한 것이 당연하다. 하천에 쓰레기를 버린다니 말이나 되는가? 그런데 그 말도 안 되는 일이 근대 이전 도시에서는 비일비재하게 벌어졌다.

주거의 프리미엄을 만들어 내는 리버뷰

오늘날의 도시에서 '강을 본다'는 것은 특권적인 풍경을 소유하는 일이다. 서울의 한강을 비롯해, 도시를 가로지르는 주요 하천은 이제 고급 주거 단지의 전유물이 되었고, 같은 아파트 단지 안에서도 강 조망 여부에 따라 수억 원의 시세 차이가 발생한다. '한강뷰', '리버사이드' 같은 단어는 상품성과 직결되며, 지상에서 보이는 조망보다도 고층에서 얼마나 넓게 물을 바라볼 수 있는가가 더 중요한 가치로 여겨진다. 실제 재건축 단지들의 홍보 문구에는 '리버파노라마', '워터프런트 프리미엄', '풀 리버뷰' 같은 표현이 반복된다.

하지만 불과 몇십 년 전만 해도 도시 주거에서 가장 중요한 기준은 조망이 아니라 남향 일조권이었다. 그 결과, 한강변에 위치한 아파트 단지들조차도 북쪽 강변으로 복도가 위치하고, 남향으로 거실과 방이 배치된 편복도형 구조가 일반적이었다. 이러한 평면 구성은 당시에는 당연한 선택이었지만, 오늘날 소비자나 시행사의 시선에서 보면 경제성을 놓친 계획처럼 보이기도 한다.

2000년대 이전 한강변에 지어진 아파트 단지들은 대부분 남향 위주의 편복도형 평면 구성을 따랐다. 하지만 최근 재건축 단지들은 거실, 식당, 마스터베드룸 등 주요 실이 강변을 향하도록 구성하며, 조망권을 극대화하기 위해 단지 내 동 배치와 방향을 전략적으로 조율하고 있다. 파노라마 뷰가 어렵다면, 건물 사이로라도 강이 '슬쩍 보이게' 하려는 시도가 설계에 반영된다. 이는 단순한 배치의 문제를 넘어서, 도시가 수변 경관을 어떻게 바라보는가를 보여 주는 감각적 지표다. 그런데 '강', '강변'의 의미는 역사적으로 늘 지금과 같았을까? 아이러니하게도 한강변은 1980년대까지만 하더라도 도시 빈민들이 모여 살던 곳이었다. 현재의 강변 프리미엄과 도시 빈민들의 주거지 사이에 존재하는, 이 어마어마한 격차는 어떻게 만들어진 것일까?

하천, 근대 이전 도시의 하수구

오늘날 우리가 '가치 있는 자산'으로 여기는 이 하천은, 역사적으로는 오랫동안 도시의 쓰레기장이었다. 근대적인 하수도 시스템이 정착되기 전까지, 강은 도시의 생활오수와 쓰레기를 떠맡는 가장 가까운 배출 경로였다. 고대부터 유명 도시들은 언덕 위에 위치했는데, 전시 방어와 감시에 유리한 점도 있었지만, 수자원을 쉽게 확보할 수 있고, 폐기물과 오수를 하천의 흐름에 따라 자연스럽게 아래로 흘려보낼 수 있다는 점에서도 유리했다는 분석이 존재한다.

하천이 쓰레기장이 되었던 이유는 명확하다. 첫째, 도시에는 체계적인 쓰레기 처리시설이 존재하지 않았고, 가장 가까운 물길이 유일한 출구였다. 둘째, 흐르는 물은 더러움을 씻어 낸다는 믿음, 즉 '자연 정화'에 대한 오해가 널리 퍼져 있었다. 셋째, 배수관이나 하수 시스템이 존재하지 않던 시기, 강은 곧 '자연 하수도'였으며, 비가 오면 더러움이 씻겨 내려갈 것이라는 낙관적인 인식이 있었다. 이러한 인식 아래, 하천은 도시의 쓰레기와 오염이 집중되던 장소가 되었으며, 런던의 템스강, 파리의 센강, 서울의 청계천과 한강은 모두 이런 기능을 수행하였다.

한국, 청계천 수난사

지금은 서울시민들이 여가를 즐기는 공간으로 변모했지만, 서울 청계천(당시 이름은 '개천開川')의 수난은 역사가 길다. 쉽게 말해, 조선 시대만 하더라도 청계천은 서울의 하수도로 기능했다고 보면 된다. 조선 시대 한양은 성 안과 성 밖이 철저히 구분되어 성 안에서는 농사가 금지되고, 밤에는 성 밖으로 통행도 불가했다. 당시 인구 10~20만 명인 한양 성 안의 분뇨와 오물은 밭의 퇴비로 쓰이거나 성 밖으로 내보내지지 못한 채 결국 개천이나 길가에 버려졌다. 평시 개천을 비롯하여 길거리의 악취는 상당했고, 평소보다 많은 양의 비가 내리는 장마 때나 되어야 쓰레기들이 씻겨 나갈 수 있었다. 이렇게 버려진 오물은 지하로 스며 우물을 더럽히고, 전염병의 원인이 되기도 했다.[11]

청계천변에 들어선 무허가 판자촌의 모습.
출처: 서울역사박물관

---

[11] 손영배, 『한국의 쓰레기 2천년사』, 62~66쪽 참조.

개천(청계천)은 오물과 쓰레기로 늘 범람하곤 했다. 영조 35년(1759년), 영조는 냇가가 막히고 오물이 우물에까지 흘러들어 풍토병이 발생하는 일에 관심을 두고 대신들의 의견을 물었다. 대신들을 비롯해 서울에 사는 모든 사람들이 개천을 지금 당장 파내야 한다는 데 공감했다. 그렇게 개천 준설 공사를 담당하는 책임자가 임명되고, 1760년 공사가 시작되었다. 공사 기간은 2개월 걸렸고, 5만 명 이상의 장정에 더해, 일반 백성과 군대까지 투입되었다. 이때 파낸 모래의 양이 상당했는데, 개천 옆에 쌓아 둔 이 모래가 비가 오면 다시 또 흘러내려 천을 막는 터라 몇 년에 한 번씩 준설을 해야 할 정도였다. 이후에는 수레를 이용해 개천의 남과 북 양쪽에 산처럼 높이 쌓아 두었는데, 이 모래 더미를 가산(가짜 산이라는 뜻)이라 불렀다. 가장 큰 모래산은 1918년까지, 동대문 운동장 근처에 남아 있었다는 기록이 전해진다.

1773년 개천 제방 공사를 마친 후, 영조는 '준천사'라는 관청을 신설하여 청계천의 준설 업무를 관장하도록 했다. '준천사'는 한국사에서 최초의 환경행정기관으로 평가되는데, 그만큼 국내 폐기의 공간사에서 개천, 즉 청계천은 빼놓으려야 빼놓을 수 없는 공간이다.

일제 강점기 초, '개천'은 '청계천'으로 이름이 바뀐다. 그리고 일제가 수도 한양을 근대 도시로 재편하는 과정에서, 청계천은 복개라는 위기를 맞는다. 1935년 경성부는 청계천의 지류는 완전 복개하고, 본류는 일부 복개하여 도로를 확충하고 하수도를 설치하는 방안을 발표한 것이다. 다만, 기술적인 문제와 반발로 실행되지 못하고 있다가, 1958년에 이르러 본격 복개되었다.

쓰레기장이었던 하천과 강변이 프리미엄이 되기까지

19세기 후반 이후, 도시들은 하천을 폐기물의 통로가 아닌 공공성과 조망의 자산으로 회복시키려 시도했다. 대규모 하수도 시스템의 구축, 수변 재생 프로젝트, 그리고 물이라는 풍경을 '감각적으로 소비'하는 태도가 더해져 하천은 다시 도시의 중심으로 복귀했다.

대표적인 사례가 런던 템스강과 파리 센강의 예이다. 산업화 시기 영국 런던에서는 도시의 하수와 오물, 공장 폐수가 모두 템스강으로 유입되었는데, 1858년 여름 무더위에 템스강의 썩은 악취가 의사당 내부까지 퍼지는 '대악취 사건(The Great Stink)'이 발생했다. 공중보건과 도시 하수 인프라의 중요성을 각인시킨 이 상징적인 사건 이후 런던은 본격적으로 하수도를 정비했고, 템스강의 수질은 차츰 회복되었다. 비슷한 시기 프랑스 파리의 센강 역시 파리 시민의 식수원이자 빨래터, 배수구, 쓰레기장 등 다양한 역할을 겸하며 점차 위생 문제의 근원이 되어 갔다. 기본적인 배설물과 오물뿐 아니라, 가죽 공장, 염색 공장 등에서 배출하는 각종 산업 폐수까지 더해지며 어마어마한 악취를 발생시켰다. 19세기 오스만 개조기 동안 외젠 벨그

2000년대에 진행된 '청계천 복원사업' 이후 청계천은 시민들에게 사랑받는 도심 속 산책코스로 거듭났다. 출처: 서울연구원

12
위의 책, 88~90쪽 참조.

랑이 하수도 체계를 구축하며 센강의 수질은 서서히 회복되었고 공공 수변 공간으로 시민들에게 많은 사랑을 받게 된다.

서울의 청계천 역시 오랜 기간 복개되어 있었지만, 2000년대 '청계천 복원사업'을 통해 다시 드러났다. 산업화 시기에 생활하수, 오폐수, 산업폐기물이 흘러들던 한강 또한 대대적인 수질 개선 과정을 거쳐 지금의 모습을 갖추게 되었다. 우리가 한때 기피하던 공간이 언제, 어떤 계기로 '프리미엄' 공간으로 탈바꿈될지 알 수 없다. 쓰레기 처리 방식의 변화는 도시 공간의 가치마저 뒤흔들고 있다.

오늘날 도시가 하천을 프리미엄으로 여기는 이 전환은, 단순한 부동산 논리를 넘어선다. 위생 개념의 진화, 도시 인프라의 발달, 그리고 경관을 향유하는 감각의 변화가 오랜 시간 축적된 결과다. 우리가 강을 어떻게 바라보는지는, 곧 도시가 자기 자신을 어떻게 대하고 있는지를 단적으로 보여준다.

하수도

**도시의 오물과 오염을
감춰 주는 숨은 주역**

많은 도망극의 끝은 결국 하수도였다. 영화 〈쇼생크 탈출〉에서 주인공 앤디는 수년간 준비해 온 탈옥 계획을 실행하며, 마지막 관문으로 악취 가득한 하수도를 기어간다. 마치 인간이 가장 어두운 현실을 지나 자유로 향하는 의식처럼, 이 장면은 강한 인상을 남긴다. 소설 『레미제라블』에서도 장발장은 마리우스를 구출해 하수도를 통해 도망친다. 파리의 하수도는 어둠과 빛, 억압과 탈출, 도시와 인간 사이의 상징적 경계로 등장한다. 이처럼 하수도는 단순한 배수시설을 넘어, 도시의 무의식 혹은 숨겨진 얼굴로 종종 묘사된다.

앞서 이야기했듯, 하수도는 근대 도시화 과정의 산물이다. 그 이전까지 도시에서 생겨나는 오물과 쓰레기들은 모두 길가와 하천에 버려져 왔다. 위생이라는 관념이 생겨나고 수질에 관심을 두면서부터 근대 도시들은 지하의 공간을 활용해 오물을 모을 수 있는 하수도를 준설하기 시작했다. 근대 도시는 온갖 더러운 것들, 감추어야 할 것들을 이곳에 모으기 시작했다. 비밀스러운 범죄 공간으로서 하수도가 근대 이후 소설과 영화에 많이 등장하는 까닭이다.

파리, 하수도의 도시

근대적인 하수도 시스템의 출발점 중 하나는 19세기 파리다. 당시 파리는 인구 폭증과 산업화로 인해 위생 상태가 극도로 악화되어 있었고, 이에 따라 도시를 전면적으로 정비하려는 움직임이 일었다. 바로 제2제정기의 조르주 오스만 개혁 시기 동안, 외젠 벨그랑이라는 기술자가 하수도와 수도 시스템의 현대화를 주도한다. 그 결과, 파리 지하에는 수천 km에 이르는 하수도망이 구축되었고, 이는 길이, 규모, 유지관리 체계에 있어서 당시로서는 전례 없는 수준이었다.

벨그랑은 사람이 걸어 다니며 유지보수할 수 있는 하수도의 규모와 형태를 계획했고, 이는 파리 하수도가 단지 기술 인프라를 넘어서 '지하의 공간 질서'로 여겨지게 된 계기였다. 이 하수도는 나중에 관광 코스로까지 개발되었다.

근대 도시 서울의 하수도

국내에 근대적인 하수도 개념이 도입된 것은 대한제국 시기였다. 중앙정부 차원에서 전염병 방지와 공중위생 향상을 목적으로 배수로 준설 및 청소를 제도적으로 도입한 것이다. 본격적으로 서양식 하수도 시설이 도입된 것은 일제강점기 시기이다. 다른 근대 도시 시설 개념이 도입되던 이 시기에 일제는 식민 통치의 일환으로 경성의 하수도 시스템을 정비했으며, 1910년대부터 일부 구역에 지하 하수관과 정기적인 준설 관리 체계를 도입했다. 1910년 [13] 당시 국내 근대 하수도 시설 현황을 알 수 있는 자료로는 1930년 조선총독부 내무국 토목과에서 발간한 『경성도시계획서(京城都市計劃書)』가 있다. 이 자료에 따르면 당시 시공된 하수도는 암거 형태가 6,832m였다고 기록되어 있으나, 개거 형태의 하수도 시설은 더욱 많았을 것으로 추정된다. 그러나 이러한 배수시설은 유지관리가 제대로 이루어지지 않아 그 기능을 온전히 발휘하지 못한 것으로 보인다. 한편, 일제는 일본인 거류지를 중심으로 하수 [14] 도 시설을 먼저 도입하였는데, 조선인들이 거주하는 지역에 하수도 공사를

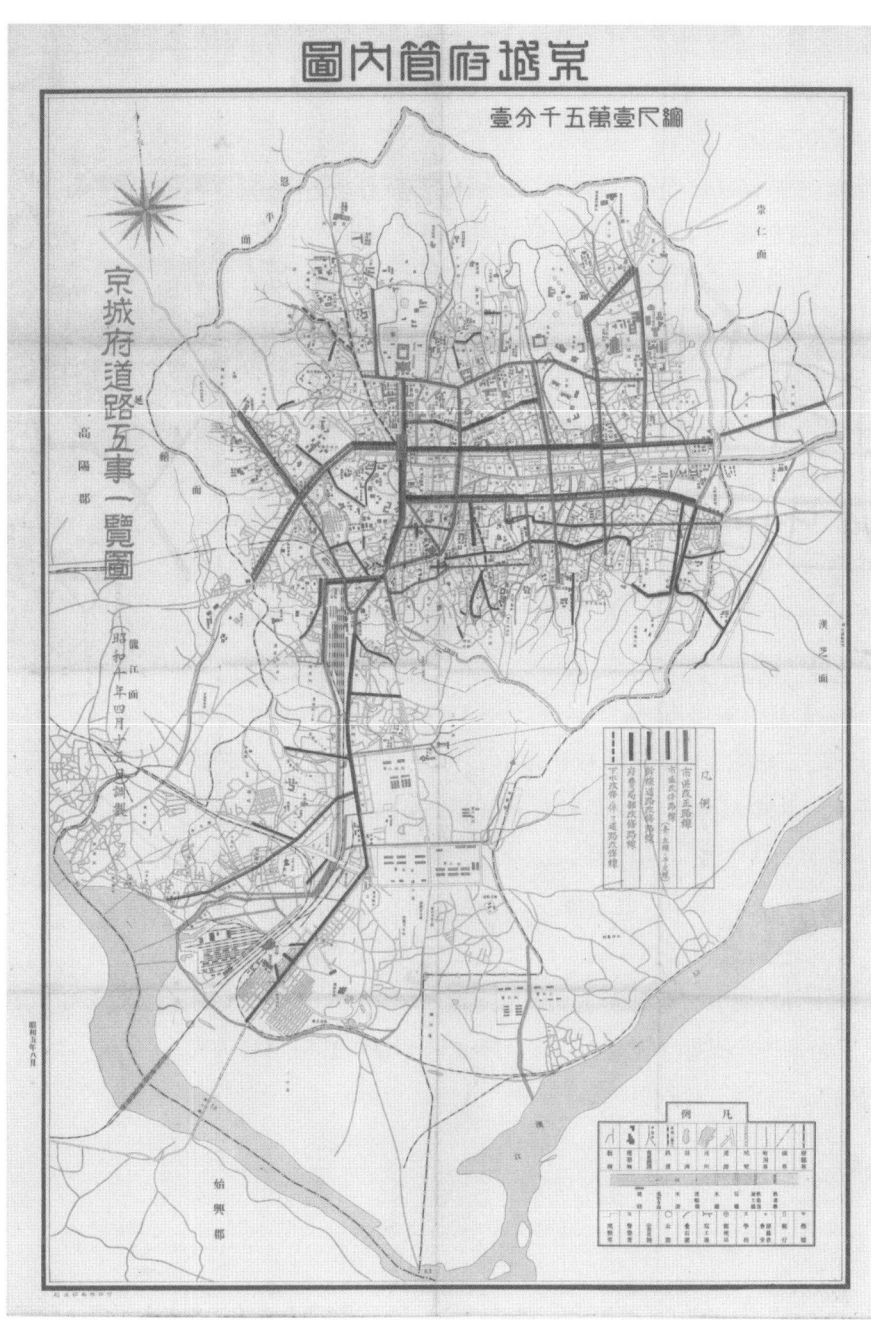

1935년 경성부에서 간행한 『경성부토목사업개요』에 첨부된 「경성부도로공사일람도」. 범례에 하수개수에 따른 도로개수선(지도 상에 굵은 점선 표시)도 포함되어 있다. 출처: 서울역사박물관

13
염복규, 「하수도, 지하 세계의 거물」, 연구모임 공간담화/도시사학회, 『서울은 기억이다』, 서해문집, 2023년 참조.

14
김응호, "한국 하수도 과거·현재 그리고 미래", 《워터저널》 2017년 1월 5일자 기사 참조.

할 때는 토지 소유자에게 상당액의 공사부담금을 걷으려 해서 반발을 일으키기도 했다. 식민 통치시설의 입지에 따라 우선순위와 예산이 매겨지는 전형적인 통치술이었다. [15]

해방 이후, 급속한 공업화와 도시인구 집중, 그리고 수세식 변기의 보급 확대 등으로 인해 하수 수질이 악화되고 하천이 오염되어 하수도 정비의 필요성이 제기되었다. 서울연구원의 자료에 따르면, 상수도 보급에 비해 하수도 보급은 매우 늦은 편이었다. 1970년에도 하수도 보급률은 27.9%로, 같은 해 85.6%를 기록한 상수도 보급률의 약 1/3 수준에 불과했다. 통계 데이터는 당시 서울의 위생 수준이 열악했음을 보여 준다. 1970년대까지만 해 [16] 도 하수 처리시설의 필요성에 대한 인식이 일반적이지 않았다. 전쟁 후 서울로 몰려든 빈민들은 청계천변 판자촌에 살기 시작했고, 청계천은 거의 하수 처리장 역할을 했다. 여타 서울 시내 작은 하천들도 청계천과 크게 다르지 않았다. 때문에, 특히 청계천 복개 이후에는 지하 하수도 준설이 중요해졌다. 이에 1966년에 「하수도법」을 제정한 것이다.

하수도 보급률이 50%를 넘긴 것은 1977년에 들어서였으며, 1980년대부터 급속하게 확충되기 시작하였다. 1982년 정부는 「하수도법」을 개정하여 하수도 사용료 징수 범위를 정하고 1983년 10월부터 서울·인천·울산·경주 등 4개 도시에서 하수도 사용료를 징수하기 시작하였다. 1982~1983년 1년 사이 하수도 보급률은 68.8%에서 85.9%로 약 17% 증가하였다. 1980년대 중반 들어 서울시의 하수도 보급률은 90%를 넘어섰고, 1997년에는 100%를 달성하였다. 이러한 하수도의 역사와 기능에 대한 [17] 설명은 서울 성동구에 소재한 '서울하수도과학관'을 방문하면 더 자세히 확인할 수 있다. [18]

도시 인프라의 어둠이자 필수조건

하수도는 눈에 보이지 않는 공간에 존재한다. 하지만 그 기능을 다하지 않을 때, 도시 전체가 마비될 수 있을 만큼 필수적인 인프라다. 하수도는 도시를 '정상적으로' 보이게 하는 조건이며, 눈에 보이지 않는 공간을 통해 도시는 자기 질서를 유지한다.

물론 도시의 지하 공간에 하수도만 있는 것은 아니다. 폭우로 홍수가 잦은 도시들은 하천의 깊이를 더 깊게 파거나 지하에 수조를 만들어 물의 양을 조절하곤 했다. 일본 도쿄 인근의 사이타마현 가스카베시 지하 22m에는 '수도권외곽방수로'라는, 축구장 2개가 족히 들어가는 세계 최대 규모(총 67만t의 물을 한 번에 저장)의 수조가 있다. 길이 177m, 폭 78m, 높이 25m의 저수시설로, '지하 신전'이라는 별명이 붙을 정도로 웅장한 분위기를 자아낸다. 눈에 보이지 않는 곳에서 도시를 떠받치는 존재들에 새삼 고마움을 느낀다.

서울에서 가장 오래된 배수로인 노량진 지하배수로의 모습을 살펴볼 수 있는, 노량진수산시장과 노량진로 사이를 연결하는 지하보행로 공존해 근대 하수관로로 세계하 흐름을 한눈에 볼 수 있다. ⓒKim Jeffrey (설계: 최춘웅 서울대학교 건축학과 교수). 1970년대에 설치된 구간까지

15
염복규,「하수도, 지하 세계의 거물」참조.

16
서울연구데이터서비스 내용 참조
(검색어 '하수도')

17
행정안전부 국가기록원 자료 참조
(검색어 '하수도')

18
서울하수도과학관
sssmuseum.org

한편, 도시의 위생을 위해 준설한 하수도가 예상치 못한 결과를 가져오기도 한다. 하수도가 묻혀 있는 지하 공간은 각종 전염병을 매개하는 쥐와 각종 해충이 서식하기에 최적의 조건을 만들어 내는 것이다. 여기에 더해 도시의 쓰레기는 이들에게 충분한 양의 식량을 제공한다. 하수도는 도시의 빛일까, 어둠일까. 혹은 그 둘 다일까. 변하지 않는 사실은 하수도가 존재함으로써 도시가 도시다워질 수 있다는 점일 것이다.[19]

---

[19] 로만 쾨스터, 『쓰레기의 세계사』, 82~83쪽

적환장   도시의 쓰레기들이 거쳐 가는 중간 정류장

예나 지금이나 도시는 쓰레기를 가능한 한 멀리 내보내고 싶어 한다. 도시 내부에서 발생한 쓰레기를 외부로 반출하기 위해서는 수많은 수거 인력과 운송 수단이 필요하다. 그러나 수거와 동시에 도시 밖으로 운반하는 것은 현실적으로 어렵다. 하루 종일 차량이 도시 안팎을 오가도 시간이 모자랄 것이다. 따라서 도시 밖으로 운반되기 전에 쓰레기는 반드시 어딘가에 잠시 머물러야 한다. 그 중간 거점이 바로 '적환장(積換場, transfer station)', 즉 도시 폐기물 시스템의 중간 정류장이다. 이곳에서는 수거 차량으로 운반된 폐기물을 일시적으로 하차·보관한 후, 장거리 운반을 위한 대형 차량에 다시 적재하거나 필요한 처리 과정을 거친다.

    여러 대의 수거 차량에서 모인 생활 폐기물을 큰 차량 한 대에 실어 먼 거리에 있는 처리시설로 옮기면, 보다 효율적이고 경제적으로 운송할 수 있다. 쉽게 말해, 각자 작은 차량을 타고 이동하는 대신 고속버스처럼 큰 차량을 이용해 함께 이동하는 것이 비용과 자원을 절약하는 것과 같은 원리다. 만약 적환장이 없다면 수거 차량이 소각장 등 최종 처리장까지 직접 왕복해야 하므로 수거 횟수가 줄어들고, 도시 내에 쓰레기가 쌓일 위험이 커진다. 결국 적환장이 있기 때문에 현재와 같은 짧은 수거 주기를 유지할 수 있는 것이다.

적환장의 원형, 더스트 야드와 하역장

그렇다면 최초의 적환장은 언제 만들어졌을까? 체계적인 고형 폐기물 관리 시스템이 처음으로 도입된 것은 18세기 후반 런던으로, 이 시기부터 런던에서는 '더스트 야드(Dust-Yard)'라는 시스템이 운영되었다. 가정에서 발생한 석탄재와 쓰레기를 수거하여 재활용 가능한 자원은 회수하고, 나머지는 외곽으로 운반하였는데, 이러한 시스템은 현대의 적환장 개념과 유사한 기능을 수행했다고 평가된다.

지금이야 바다에 쓰레기를 버린다고 하면 난리가 날 일이지만, 1900년대 초중반만 하더라도 쓰레기 처리 문제로 골머리를 앓던 대도시들은 쓰레기를 바다에 투기하곤 했다. 마차로 쓰레기를 모아 하역장에 옮겨 두었다가, 배나 기차에 실어 도시 바깥으로, 그리고 바다로 날랐다. 이때 하역

1976년 2월, 구자춘 서울시장이 성동구의 쓰레기 적환장을 시찰하는 모습. 출처: 서울기록원

장은 적환장 역할을 했던 것이다.

현재와 같은 형태의 현대식 적환장이 등장하게 된 것은 20세기 중반으로, 이때부터 수거 차량이 근거리의 적환장에 쓰레기를 내리고, 대형 차량이 처리장까지 이송하는 체계가 만들어졌다. 초기에는 단순 하역장 수준이었지만, 점차 분류·압축·저장 기능이 추가되면서 지금의 첨단 적환장으로 발전했다.

점차 수를 줄여 가는 적환장

최근 들어서는 적환장의 수가 점차 줄고 있는데 이는 폐기물 처리 기술의 발달, 정책 변화, 주민 수용성 문제 등 복합적인 요인이 작용한 결과이다.

추측해 볼 수 있는 요인 중 하나는 소각장 및 자원화 시설의 분산 설치 때문이다. 예전에는 대형 소각장까지 장거리 운송이 필요해 적환장이 필수였지만, 최근에는 중소형 소각장이나 자원화 시설이 도시 곳곳에 분산 설치되며 운송 거리 자체가 줄어들고 있다. 이로 인해 중간 적환이 필요 없는 경우가 발생하는 것이다.

두 번째 요인은 수거 및 운송 기술의 발전에서 비롯된 영향이다. 대형 압축 수거차, 스마트 배차 시스템, 고성능 GPS 등의 도입으로 운송 효율이 높아지며, 적환장 거치 없이 바로 처리장으로 운반하는 '직송'이 더 효율적인 경우가 있다.

세 번째는 폐기물 발생량 및 처리 구조의 변화 때문이다. 재활용과 분리배출이 철저해지고, 폐기물 자체를 감량하는 정책이 도입되며 전반적인 생활폐기물의 발생량이 정체 또는 감소하고 있다. 이러한 변화가 적환장의 필요를 줄여 내는 것이다.

또한 최근 정부와 지자체가 쓰레기 처리시설을 집약화하는 방향으로 정책을 추진하면서, 자원회수시설이나 소각장 내부에 적환 기능을 통합하는 시도를 하고 있다. 이러한 변화의 배경에는 악취, 소음, 교통 혼잡 등을 유발하는 적환장에 대한 주민들의 반발이 자리하고 있다. 이로 인해 신규 적환장 설치는 점점 더 어려워지고 있으며, 기존 시설 역시 노후화되면 폐쇄되거나 이전이 검토되는 상황이다.

지하로, 지하로 내려가는 쓰레기 적환장

적환장을 둘러싼 변화는 수의 감소에서 그치지 않는다. 과거 적환장은 지상에 존재했지만, 최근 몇 년 사이 그 위치는 점점 더 지하로 내려가고 있다. 쓰레기를 모으고 분류하고 압축하는 작업은 여전히 존재하지만, 점차 사람들의 눈에 띄지 않는 방향으로 배치되기 시작했다. 그 이유는 명확하다. 도심 한복판에 대형 트럭이 드나들고, 악취와 소음, 먼지가 발생하기 때문이다. 이는 주민 민원을 불러올뿐더러 도시 이미지에도 좋지 않다. 그래서 쓰레기 처리시설은 지하로 내려가고, 지상은 공원이나 주차장, 체육시설로 다시 단장하는 방식이 확산되고 있다.

일례로, 서울 남대문시장 인근의 쓰레기 적환장은 오랜 시간 '도심의 골칫덩이'로 불려 왔다. 하루 수십 t의 쓰레기가 이곳에 모이고, 상인들과 시민들은 악취와 파리 떼, 도로 혼잡에 시달려야 했다. 이 때문에 2009년 지하화되었다가 효용이 떨어진다는 이유로 2018년 폐쇄됐던 남창동 적환장 부지는 용도를 찾지 못한 채 오랜 기간 방치되었다. 최근 적환장으로 사용했던 지하와 지상 공간을 모두 시민들을 위한 공간으로 탈바꿈 예정이다. 도시는 이 사업을 통해 "청결한 남대문시장, 쾌적한 도심 공간"이라는 메시지를 되찾으려 한다.

최근 동작구와 관악구 역시 보라매공원 인근에 공동 자원순환센터를 신설하며, 기존 적환장을 지하화하고 그 상부를 공원화하는 대규모 사업을 진행 중이다. 연면적 4만㎡, 하루 처리 용량 580t의 이 시설은 지하 2층 규모로 조성되며, 그 위에는 주민을 위한 쾌적한 휴식 공간이 펼쳐질 예정이다.

도시의 쓰레기와 함께, 지하에 감춰진 사람들

적환장을 비롯한 쓰레기 처리시설들이 점차 지하화되며, 도시에서 생성되는 수많은 쓰레기가 마치 말끔히 숨겨진 것 같은 착시 효과를 일으키기도 한다. 이와 동시에 지하에서 일하는 사람들에 대한 이야기 역시 드러나지 않게 되었다. 쓰레기를 직접 다루는 환경미화원, 분류 노동자, 장비 운용자들의 일상은 좁고 밀폐된 공간 속에서 냄새와 열기, 분진과 탈취제를 견뎌 내며 이루어진다. 사람들은 적환장이 보이지 않아 도시가 쾌적해졌다고 생각하지만, 쓰레기 문제의 심각성과 이를 다루는 사람들도 동시에 숨겨진 것이다. 이 같은 변화를 쾌적해졌다고 말하기엔 어쩐지 마음 한편이 찜찜하다. 이것이 오늘날 도심형 적환장이 가지는 가장 근본적인 모순이다. '버리는 순간 끝'이라고 믿고 싶겠지만, 사실은 쓰레기가 버려지는 순간부터가 진짜 시작이다.

2019년 1월 14일, 동작방송이 취재 영상에 담긴 보라매 적환장의 모습. 출처: 동작방송 하면 감누리

적환장

재활용품 선별장 쓰레기에 새 생명을 불어넣는 공간

어린 시절, 집에 쌓여 있던 빈 유리병들을 마치 보물처럼 바라보던 기억이 있다. 양손 가득 병을 들고 슈퍼마켓에 가면, 병당 몇십 원을 쳐서 받을 수 있었기 때문이다. 아이들 입장에선 쏠쏠한 용돈벌이가 되었고, 부모 입장에선 집에 굴러다니는 병들을 손쉽게(!) 정리할 수 있어 좋았을 것이다. 평소에 먹고 싶던 과자를 사서 한 입 가득 오물거리며 집으로 돌아오던 발걸음은 얼마나 신났던지!

현재도 빈 병 수거가 가능하긴 하지만, 적재 공간의 부족 등 여러 이유로 대부분의 슈퍼마켓에서는 빈 병을 받고 있지 않다(요즘 어린이들은 어떻게 소소한 용돈을 벌고 있는가?!). 더욱이 재활용 분리배출 정책이 도입되며, 유리병을 비롯한 각종 재활용품들은 이제 공동주택의 분리수거장에 손쉽게 버려지고 있다. 이렇게 모인 재활용품들은 어디로 가고 있을까? 그리고 누가 여기서 수익을 벌어들이고 있을까?

재활용품 선별장을 거쳐 새 생명을 얻는 쓰레기들

오늘날 재활용품들은 개별 고물상이 아닌 재활용품 선별장으로 먼저 모여든다. 재활용품 선별장이란, 가정이나 사업장에서 배출된 재활용 가능 자원(종이, 플라스틱, 캔, 유리병 등)을 수거한 뒤, 이들을 종류별로 자동 또는 수작업으로 분류·선별하는 시설을 말한다[20]. 재활용품 선별장마다 조금씩 작업 과정이 다르지만, 대체로 계근대[21], 감용기[22], 파봉기[23], 압축기, 파쇄기, 선별 컨테이너 등을 운용한다. 이 공간에서는 주로 '재활용품 분류', '오염물 제거', '압축 및 포장' 등의 작업이 이루어지며, 선별된 재활용품은 이후 재활용 업체나 공장으로 이송되어 재생 원료로 다시 사용된다. 이곳을 거치기 전까지는 그저 '쓰레기'에 불과했던 물질들이 새 생명을 얻게 되는 것이다. 재활용품 선별장은 자원의 재사용률을 높여 환경 보호에 기여하고, 쓰레기 매립량을 줄여 토지와 환경오염을 감소시키며, 현대 재활용 산업의 핵심 거점 역할을 수행하고 있다.

2023년 기준, 재활용품 선별장으로 모여드는 쓰레기의 양은 연간 9330만t이다[24]. 최근, 1인가구 증가와 배달 문화 발달에 따라 일회용품 사용량이 급증하면서 분리배출해야 하는 재활용품의 양도 기하급수적으로 늘어난 탓이다. 보다 강력한 규제가 생겨나지 않는 이상, 선별장으로 모여드는 쓰레기의 양은 매해 증가할 것으로 예상된다.

재활용품에서 경제적 가치를 창출해 온 사람들

재활용품을 통해 수익을 창출해 온 이들은 예전부터 존재해 왔다. 목재 펄프로 종이를 만들기 전까지, 유럽에서는 버려진 천(넝마)을 수집해 종이 공장에 판매하던 '넝마 장수'가 있었다. 이후 금속 제련 기술이 발달하면서, 상품 가치가 높아진 고철을 모아 파는 '고철 장수'도 등장했다. 뿐만 아니라 양태는 다르지만 중고의류를 판매하거나, 전당포를 운영하는 등 버려지는 '중고', '고물'로부터 돈을 얻는 이들 역시 재활용, 재사용의 시스템 안에 속해 있었다.

---

[20] 광주 서구 시설관리공단 홈페이지 참조
[21] 무게를 재는 기계
[22] 스티로폼 포장 용기 등을 파쇄, 압출, 냉각하여 부피를 줄이는 장치
[23] 각 가정이나 사업체에서 봉지에 담아 배출한 재활용품을 선별하기 위해 봉지를 개봉하는 장치로, 재활용 물질과 폐기물을 선별하기 위해 반드시 필요하다. 이전에는 현장에서 파봉 작업자가 수작업으로 진행하여 병원균에 직접 노출되는 열악한 환경이었는데, 이러한 기계가 도입됨에 따라 작업 환경이 개선되고 생산량이 증대되었다.
[24] 폐기물 재활용실적 및 업체 현황(2023년) 자료 참조

재활용품 선별장

대량 생산과 소비의 시대가 도래하며, 재활용 시장은 잠시 주춤하는 듯 보였으나, 최근 쓰레기가 돈이 되고, 재활용 실천이 기후위기 시대의 대안이자 문화가 되는 세상이 다시금 도래하고 있다. 대신 넝마 장수나 고물상이 SF 영화에서 봄 직한 로봇으로 바뀌었다. 이 로봇은 순환자원을 식별하고 모아 사람에게 보상을 제공한다. 예컨대, 사람이 페트병이나 캔을 투입하면, 로봇은 이것이 투명 페트병인지, 라벨이나 뚜껑이 있는지 등을 확인한다. 순환자원으로 판단되면 투입한 사람에게 개당 10원의 보상을 제공한다. 정보와 경험이 쌓일수록 로봇은 더욱 똑똑해진다. 허무맹랑한 공상 스토리가 아니다. 이 책의 마지막 4장에서 더 자세히 다루겠지만, 쓰레기가 다시금 소재로 활용되도록 돕는 스타트업 '수퍼빈'의 서비스 사례다.

컨베이어벨트 위에서 종류별로 재활용품을 선별하는 노동자들의 모습.

소재 공학의 발달과 재활용품 선별의 중요성

매년 최소 1400만t의 플라스틱 쓰레기가 바다로 흘러 들어가고 있다. 플라스틱으로 인한 해양 및 토지 오염 문제가 점차 심각해지며, 플라스틱을 다양한 방식으로 재사용하기 위한 노력들이 곳곳에서 행해지고 있다. 예컨대, 페트병을 재활용한 폴리에스터 섬유로 옷을 만드는 공정을 개발하거나, 플라스틱 폐기물을 이용해 타일 같은 건축 자재를 만드는 식이다.

또 다른 획기적인 방법으로는 폐플라스틱에서 탄소중립 시대의 새로운 에너지원인 수소를 추출하는 사례도 있다. 현대자동차의 P2H(Plastic-to-Hydrogen) 공정은 재활용이 불가능하여 소각 및 매립되는 폐플라스틱을 원료로 수소 에너지를 생산하는 전향적인 솔루션이다. 이들은 연 12만t의 폐플라스틱을 친환경적으로 처리하여 순도 99.99%의 수소를 연 2.3만t 생산하는데, 이를 통해 플라스틱 자원 순환에 기여하고 수소사회 구축을 앞당기고 있다.

앞으로 쓰레기는 폐기의 대상이 아니라 오히려 '원자재'로서 가치를 띤, 적극 발굴해야 하는 자원이 될지 모른다. 때문에 이 같은 작업이 이루어지는 재활용품 선별장의 중요성은 날이 갈수록 더욱 높아지고 있다.

각종 자동화 기계, AI의 도입으로 업그레이드되고 있는 선별장

국내 재활용품 선별장 대부분이 인력을 투입해 수작업으로 재활용품을 분류하고 있으나, 최근에는 자동화된 선별장이 늘고 있다. 일례로 김해시에 있는 선별장은 188억 원의 사업비를 들여 광학 선별기, 트롬멜 선별기 등을 도입하였는데, 선별률 90% 이상을 목표로 하고 있다. 송도자원회수센터의 경우, 인공지능(AI) 기반 스마트 자원순환 선별시스템(선별로봇)을 도입했다. 사고 발생 위험과 먼지·악취, 소음 등 열악한 환경에 대처하고, 늘어나는 재활용 폐기물을 제대로 선별하기 위함이었다. 인천시에 따르면 송도자원회수센터의 선별로봇은 1분당 플라스틱을 최대 85개, 1시간당 5,100개를 선별할 수 있으며 분류 정확도는 99.4%에 달한다.

---

25 정진우 기자, "매년 1400만톤 쏟아지는 해양쓰레기...민·관이 함께 나서야", 《머니투데이》, 2024년 11월 18일자 기사 참조.

26 김민제 기자, "AI로봇이 쓰레기 58가지 분류... 빛·바람도 선별작업", 《한겨레신문》, 2022년 2월 3일자 기사; 이수정 기자, "사람 구하기 힘든 재활용 선별장... 이젠 로봇이 합니다", 《뉴시스》, 2024년 4월 28일자 기사 참조.

27 이수경 기자, "김해 진영 현대식 재활용품 선별장 내년 상반기 시험가동", 《경남도민일보》, 2025년 2월 18일자 기사 참조.

이는 국내뿐 아니라 유럽, 미국 등 해외에서도 거스를 수 없는 추세가 되어 가고 있다. AI 로봇이 도입된 재활용품 선별장들은 흡사 공장을 방불케 한다. 최신식 재활용 시스템들에 '팩토리'라는 이름이 붙은 까닭이다. 앞으로 재활용품 선별장의 형태와 기능, 역할은 어떻게 또 변화해 갈까? 폐기의 공간들 중 가장 잠재력이 높은 공간을 한 곳 꼽아 보라 한다면, 망설임 없이 이곳을 꼽을 것이다.

기후위기 시대에 필수노동자인 재활용품 선별원들 대다수는 보이지 않는 곳에서 냄새와 열기, 고강도 노동을 견뎌 내며 일하고 있다. 출처: 여성환경연대, 촬영: 손용훈

소각장

**쓰레기를 지우고
에너지를 더하는 곳**

소각장은 버려지는 것들의 종착지다. 도시가 더 이상 감당하지 못하거나, 더 이상 기억하고 싶지 않은 것을 눈앞에서 사라지게 만드는 장소. 그곳에서 쓰레기는 불 속에 들어가고, 연기로 흩어지며, 재로 내려앉는다. 그렇게 도시는 무언가를 삭제하는 기술을 공간화해 왔다.

세계 최초의 쓰레기 소각장은 어디일까? 1874년 영국 런던 외곽의 노팅엄 지역에 세워진 소각장이다. 이 소각장은 산업혁명 이후 급격히 증가한 도시 쓰레기를 처리하기 위해 만들어졌다. 당시에는 'incineration plant(소각장)'라는 명칭이 아닌 'Destructor(파괴자)'라는 표현을 사용했는데, 이는 쓰레기를 '소각하여 파괴한다'는 의미에서 유래된 명칭이다. 이 소각장은 쓰레기를 연소시켜 매립보다 부피를 줄이는 효과적인 방법으로 주목받았고, 이후 세계 여러 도시로 확산되었다.

그렇다면, 국내 최초의 소각장은 어디일까? 소규모 소각시설은 1970년대에도 있었으나, 보다 본격적인 의미에서 한국 최초의 현대식 쓰레기 소각장은 1984년에 건설된 1일 50t 규모의 의정부 소각장이다. 의정부 소각장은 선진국에서 도입한 기술을 바탕으로 생활폐기물을 처리할 수 있는 시설이었다. 이후 시설 노후화와 환경 문제로 인해 2001년 11월 새로운 소각장으로 대체되었다.

2023년 기준, 대한민국에는 총 404개의 폐기물 소각시설이 운영 중이다. 이 중 179개는 지방자치단체에서 운영하는 공공처리시설이며, 95개는 폐기물 발생 사업장에서 직접 운영하는 자가처리시설, 130개는 일반 기업에서 운영하는 중간처분업체이다. 소각시설들은 하루 총 41,573t의 폐기물을 처리할 수 있는 용량을 갖추고 있으며, 2023년 한 해 동안 약 9,283,712t의 폐기물을 소각 처리하였다.

소각을 새로운 전환으로

소각은 단지 없애는 일이 아니다. 소각장에서 벌어지는 것은 하나의 전환 과정이다. 연소 과정에서 발생하는 고열은 다시 전기와 온수, 난방 에너지로 회수되어 도시를 데운다. 도시가 버린 것이 다시 도시를 유지하는 데 쓰이는 아이러니. 이런 구조를 우리는 에너지 회수형 폐기물 소각이라 부른다.

스웨덴은 이 시스템을 국가 에너지 전략에 포함시켰고, 서울의 마포자원회수시설, 강남자원회수시설 등 광역자원회수시설들 또한 지역 난방을 담당하는 실질적 보일러 역할을 수행하고 있다. 소각장은 더 이상 기피시설이 아니라, 도시 인프라의 중요한 축으로 기능하고 있다.

일본에는 소각장에서 발생한 에너지를 노인복지시설과 연계한 사례도 있다. 1995년에 완공된 요코하마의 'WTE 소각장'은 온수풀, 목욕탕, 온실 등을 갖춘 노인복지시설과 함께 조성되었으며, 소각 과정에서 나온 열로 물을 데워 복지시설에 공급하고 있다. 지역 어르신들의 반응도 긍정적이며, 기피시설을 선호시설로 전환한 대표적인 성공 사례로 꼽힌다. [28]

하지만 자원회수시설로서 소각장의 이러한 순기능에도 불구하고 주민들의 혐오는 좀처럼 사그라들지 않고 있다. 이유는 이러하다. 환경오염 방지시설이 설치되기 전의 소각장은 굴뚝을 통해 환경오염 물질을 배출하는 기피시설이었다. 현재는 환경오염 방지시설을 통해 오염물질 배출을 최소화하고 있지만, 과거의 부정적 이미지가 쉽게 바뀌지 않는 것이다. 때문에 자원회수시설로의 변화와는 상관없이 여전히 교외에 지어지는 경우가 많다.

이처럼 소각장은 매립 공간을 절약하고 폐기물을 효과적으로 처리하는 방법으로 활용도가 높으나, 지역 주민들의 반대와 환경 훼손 우려 등으로 인해 신규 건설에 어려움을 겪고 있다. 최근에는 서울시 마포구에 새 소각장을 지으려 했던 시의 결정을 취소해 달라며 소송을 낸 주민들이 1심에서 승소하기도 했다. 이러한 상황 속에서 환경부는 소각장 지하화 시 사업비의 일부를 지원하는 등의 정책을 추진하고 있다. 아이러니하게도 제주를 포함한 지자체들에서는 소각시설을 유치하려고 경쟁하는 모습이 펼쳐지기도 한다. 신규 광역 폐기물 소각시설을 유치할 경우 마을에 상당한 복지 혜택이 돌아가기 때문이다. 폐기물 처리시설은 지역 간 소득 격차, 유치로 인한 이익과 손실에 대한 복잡한 계산, 다양한 이해관계 속에서 입지가 결정된다.

옛 소각장이 도시의 랜드마크로 거듭나는 시대

소각장을 중심으로 또 한 가지 흥미로운 전환이 일어나고 있다. 한때 가장 감추고 싶어 했던 공간이, 이제는 도시에 새로운 활력을 불어넣는 엔진으로 기능하고 있다는 점이다. 일부 도시들은 이 시설을 적극적으로 드러내기 시작했다. 코펜하겐의 코펜힐처럼, 소각장 위에 스키장과 하이킹 코스를 조성하고, 에너지 시스템을 도시 경험의 일부로 통합시키려는 시도는 폐기의 공간이 어떻게 '재생'될 수 있는지를 보여 주는 좋은 사례다.

하남 유니온파크(2015년 준공)는 경기도 하남시에 위치한 국내 최초의 전면 지하화 환경기초시설로, 폐기물 처리시설을 주민 친화적인 공간으로 전환한 대표적인 사례다. 소각장, 음식물 자원화시설, 재활용품 선별장, 하수처리장 등 총 11종의 환경기초시설을 지하 25m 깊이에 배치하고 있으며, 그 바로 위 지상에는 공원, 물놀이장, 테니스장, 전망대 등 다양한 주민 편의시설을 조성하여 지역 명소로 탈바꿈시켰다. 11종의 환경기초시설 중

---

28 "[쓰레기 대란] (6) 소각장 '지역 명물' 만든 日, 매립세 올려 쓰레기 줄인 EU", 《연합뉴스》, 2021년 7월 30일자 기사 참조.

29 정승원, 『자원회수시설의 역할변화에 따른 건축적 대응에 관한 연구』, 한양대학교 건축학과 대학원 석사학위 논문, 2021 참조.

30 김정연·한은화 기자, "'서울시 마포구 쓰레기소각장 결정' 취소... 法 '절차적 하자'", 《중앙일보》, 2025년 1월 10일자 기사 참조.

31 김한솔 기자, "환경부, 서울·인천·경기에 "소각장 추가 건설하라" 촉구", 《경향신문》, 2022년 7월 1일자 기사 참조.

32 고성식 기자, "'혐오보다 실익' 제주 마을들 신규 폐기물 소각시설 유치 경쟁", 《연합뉴스》, 2022년 8월 18일자 기사 참조.

서울시 강남구 일원동에 소재한 강남자원회수시설의 전경. 연면적 27,195m2인 이곳은 매월 900t의 쓰레기를 처리한다.
출처: 서울시 강남자원회수시설

특히 소각장은 하루 최대 48t의 생활폐기물을 소각하며, 여기서 발생한 열에너지를 인근 아파트 단지에 난방 열원으로 공급하고 있다.

다른 한편 소각장으로 이용되던 건물을 전혀 다른 용도로 재생시킨 사례도 존재한다. 바로 부천아트벙커B39(2018년 개관) 사례다. 부천아트벙커B39는 경기도 부천시에 위치한 복합문화공간으로, 과거 삼정동 쓰레기 소각장을 리모델링하여 2018년 6월 1일 개관하였다. 이곳은 산업시설로 쓰이던 공간에 예술과 문화를 접목시킨 대표적인 도시재생 사례로 평가받고 있다(2018년 대한민국 공공건축상 대상). 과거 쓰레기 저장소였던 39m 높이의 콘크리트 구조물은 그대로 보존되어, 인더스트리얼 감성의 전시 공간으로 활용되고 있다. 소각로를 철거한 후 골조만 남긴 중정 공간은 '에어갤러리'로, 쓰레기차 반입구를 리모델링한 공간은 다목적홀로 사용하는 등 기존 소각장의 구조를 최대한 잘 활용하고 있다.

소각장은 소각이라는 일상적이지 않은 기능에 충실한 시설이기에 미학적인 설계의 결과물이라기보다 기능적 건축물이라 볼 수 있다. 도심지에서 흔히 마주치기 어려워 일반인들은 그 외관과 규모를 상상하기가 어려운데, 그렇기에 소각장 공간은 지금껏 경험해 보지 못한 규모감과 공간감으

과거 삼정동소각장을 리노베이션하여 문화예술공간으로 재탄생시킨 부천아트벙커B39(설계: 김광수아이어콘). ⓒ김용관

로 신선함을 선사한다. 사진으로 이 공간을 먼저 접했던 건축가인 나 역시, 직접 마주한 부천아트벙커B39의 공간감과 분위기에 압도되었다. 이러한 건축물을 지으려면 어마어마한 비용이 들기도 하거니와 신축으로 만들어 내기도 어렵다. 그렇기에 다시 지어지지 못할 이런 시설을 문화시설로 전환하여 대중에게 개방하는 계획은 너무나도 가치 있는 일이다.

기존의 건물을 그대로 활용한 데에는 소각장의 벽체를 철거하는 데 어마어마한 비용이 들기 때문이라는 배경도 한몫하고 있다. 내열성, 내구성이 강하게끔 지어진 소각장은 잘만 활용한다면 미술관, 박물관, 공연장 등 도시에 핵심적으로 필요한 인프라들을 도입하는 데 적지 않은 도움이 될 것이다. 특히나 기존의 용도와 전혀 다른 쓰임을 가진 건축물에 관심을 갖는 요즘 세태에도 잘 부합하여 시너지를 내리라 기대된다.

소각장은 가장 격렬한 방식으로 폐기를 처리하는 공간이다. 그러나 동시에, 그 에너지를 다시 도시로 돌리는 재생의 기계이기도 하다. 이곳은 도시가 자신이 배출한 것을 어떻게 마주하고, 다시 끌어안을 수 있을지를 보여 주는 장소다.

소각장

매립지

쌓고 덮어 쓰레기를 감추는 땅

현대식 소각장이 생겨나기 전까지 '매립'은 가장 손쉽게 쓰레기를 처리하는 방법 중 하나였다. 쓰임이 없는 넓은 공터에 쓰레기를 모아 쌓고, 그 위에 흙을 덮는 방법. 한반도 최초의 폐기 공간이 '패총(조개더미)'인 것만 보아도, 매립의 역사가 얼마나 긴지 알 수 있다. 패총은 바다 자원(특히 조개류)의 소비에 의해 형성된 장소로, 현재의 매립지와 유사한 역할을 하던 곳이다.

매립의 흔적은 한반도뿐 아니라 세계 도시 곳곳에서 발견된다. 로마 남쪽에는 높이 50m, 둘레 1,000m 규모의 언덕 몬테 테스타치오가 있는데, 이 언덕은 사실 고대 로마 시절 대형 매립지였다. 로마 시민들은 깨진 '암포라(곡식과 올리브유를 운송하던 도기)'를 이곳에 버리곤 했는데, 약 5천3백만 개의 암포라가 퇴적해 있다고 추정된다. 몬테 테스타치오 언덕은 무분별하게 쌓인 쓰레기 더미가 아니라, 정교하게 조직되고 세심하게 설계된 매립 시설이었음이 발굴을 통해 밝혀지고 있다. 이곳은 아우구스투스 시대에 이미 100만 명의 시민이 거주했던 세계 최대 규모의 대도시 로마가 쓰레기를 처리하기 위해 얼마나 오랫동안 애써 왔는지를 보여 준다. [33]

대량 생산과 소비의 시대, 쓰레기로 몸살 앓는 땅 매립지

고대 매립지와 달리 현대의 매립지는 오염의 문제를 안고 있다. 매립지에 묻힌 거대한 양의 쓰레기는 시간이 지남에 따라 부패하는데, 이 과정에서 유해한 화학 물질과 가스를 배출시킨다. 대표적으로 메탄가스가 있는데, 이는 지구 온난화를 가속화시키는 주범이다. 때문에 매립지에는 매립가스 포집시설을 반드시 설치한다. 포집된 매립가스는 발전시설로 보내져 에너지로 전환되기도 한다.

또한 매립지에서는 쓰레기가 썩으며 침출수가 나오는데 이는 토양과 지하수를 오염시킨다. 특히 중금속과 유독성 화학물질이 포함된 침출수는 식수원 오염 문제로도 이어진다. 인간과 주변 생태계에 살고 있는 동식물도 심각한 피해를 입기 때문에 각별한 대비가 필요하다.

침출수로 인한 오염을 막기 위해, 우선 매립지 바닥과 측면에는 고밀도 폴리에틸렌 차수막이나 점토층을 설치해 침출수가 외부로 새어 나가는 것을 막는다. 또한 침출수 집수 및 배출 시스템을 마련하여, 전용 배관을 통해 정화시설로 이송될 수 있도록 한다. 이렇게 모인 침출수는 생물학적·화학적·물리적 방법을 조합한 전문 정화설비에서 처리한다. 보다 근본적으로는 빗물이 매립지에 유입되지 않도록 우수 배수로와 덮개 구조물을 설치해 우수를 외부로 유도한다.

매립지의 사용 연한은 매립 용량과 폐기물 반입량 등에 따라 달라지는데, 중소 규모의 경우 약 10~20년, 대규모 광역 매립지의 경우 약 15~30년을 연한으로 한다. 매립이 종료된다고 해서 모든 오염 문제가 해결되는 것은 아니다. 이후에도 일정 기간 동안 침출수 발생이 지속되므로 폐쇄 후 최소 20년 이상은 침출수와 가스 관리를 지속해야 한다.

이 같은 오염 이슈, 악취와 미관상 문제 등으로 인해 매립지 설치는 늘 격렬한 반대에 부딪혀 왔다. 도시는 그렇게 쓰레기를 가능한 한 가장 먼 곳으로 보내려 했다.

---

[33] 로만 쾨스터, 『쓰레기의 세계사』, 37~38쪽 참조.

비수도권에 집중된 매립지 분포

환경부와 수도권매립지관리공사 자료에 따르면, 전국적으로 매립장은 총 185곳이 있다. 가장 많은 수의 매립지가 있는 곳은 광주/전남 지역으로 52곳이 있으며, 그 뒤를 충북/충남(25곳), 대구/경북(25곳), 부산/울산/경남(24곳)이 잇고 있다.

현대식 소각장이 생겨나기 전까지 '매립'은 가장 손쉽게 쓰레기를 처리하는 방법이었다. ©Petro Perutskyi, shutterstock.com

수도권에 비해 비수도권 지역에 매립지가 많은 데에는 여러 요인이 있다. 우선, 비수도권 지역은 상대적으로 인구 밀도가 낮고 토지가 넓기 때문에 대규모 매립지를 설치할 수 있는 공간 확보가 수월한 편이다. 반면, 수도권에서는 폐기물 처리시설, 특히 매립지에 대한 반대가 심해 신규 부지 확보가 어려웠다. 이에 따라 서울·경기·인천의 폐기물 상당량이 타 지역으로 반출되는 구조가 만들어진 것이다. 한편, 일부 지자체는 매립지 유치에 따른 재정 지원, 폐기물 반입 수수료, 주민지원기금 등을 수익원으로 활용하려는 목적에서 매립지를 수용하는 경우가 종종 있었다.

이처럼 수도권 지자체들은 폐기물을 자체적으로 처리하기보다는 수도권매립지 공동 이용이나 외부 위탁에 의존해 왔다. 이는 수도권에서 만들어 낸 폐기물로 인한 환경적 부담을 비수도권 지역에 전가하는 구조적 문제를 야기하고 있어, 점차 자립적인 폐기물 처리 체계로의 전환 필요성이 제기되고 있다.

매립지 분포에 영향을 줄 만한 또 하나의 이슈가 있다. 바로 '수도권 직매립 금지' 조치의 시행이다. 환경부는 2026년부터 수도권 지역에서 생활폐기물의 직매립을 금지하고, 2030년까지 이를 전국으로 확대할 계획이다. 이에 따라 수도권에서는 27개의 소각장이 신설·증설·보수되어 총 소각장 수가 41개에서 51개로 증가할 예정이다.[35] 그러나 일부 지자체는 소각장 부지 확보와 주민 반대 등으로 인해 소각장 건설에 어려움을 겪고 있다. 이러한 상황에서 대체 매립지 확보와 소각장 건설이 더 지연된다면, 수도권 지역의 폐기물 처리에 심각한 문제가 발생할 수 있다.[36]

공원의 모습으로 다시 호출된 매립지

도시의 흉물스러운 공간으로 외면당하고 때로는 쫓겨나야 했던 매립지. 하지만 매립지의 얼굴이 늘 같은 것만은 아니다. 그 땅이 시간이 지나 '공원'이 되었을 때, 그곳은 오히려 도시의 사랑받는 명소로 다시 호출된다. 서울의 난지도는 그 대표적인 사례다.

'난지도'라는 이름은 난초와 지초의 향기가 나던 과거의 모습에서 비롯되었다. 그 모습이 아름다워 한때 인기 신혼여행지로도 알려졌던 이곳은 1978년에 서울의 쓰레기 매립지로 지정되었고, 1980년대 후반까지 하루 약 1만 5천t의 쓰레기가 이곳으로 향했다. 15년 동안 쌓인 약 9천만t의 쓰레기는 아파트 30층 높이에 이르는 거대한 폐기물 언덕이 되었고, 그 모습은 당시 도시의 쓰레기 정책과 환경 인식의 한계를 적나라하게 드러내는 풍경이었다. 1993년 매립이 종료되고, 2002년 한일 월드컵을 계기로 난지도는 변신을 시작했다.

수천만t의 쓰레기 위에 흙을 덮고, 그 위에 잔디를 심고, 억새를 키우고, 바람개비를 세운 이 땅은 '하늘공원'과 '노을공원'이라는 이름의 생태공원으로 다시 태어났다. 도심에서는 보기 드문 바람의 언덕이 되었고, 계절

---

[34] 김윤철 기자, "'쓰레기 대란' 발발...5년밖에 남지 않았다 (ft. CNN 쓰레기산 보도)", 《아웃소싱타임스》, 2022년 9월 8일자 기사 참조.

[35] 이재영 기자, "새 매립지 재공모·직매립금지 유예...수도권 쓰레기 정책 '격변'", 《연합뉴스》, 2025년 4월 13일자 기사 참조.

[36] 위의 기사.

마다 시민들이 사진을 찍고 산책을 즐기기 위해 찾는 자연 친화적 명소가 되었다. 하지만 사람들은 그 발밑에 무엇이 묻혀 있는지 알고 있을까?

'난지도'라는 지명이 여전히 익숙한 세대인 나에게는, 그 이름 하나만으로도 이 공간의 과거가 선명하게 떠오른다. 그러나 '노을공원'이라는 현재의 이름으로 이곳을 인식하는 세대에게는, 그곳이 한때 거대한 쓰레기 산이었다는 사실이 더 이상 체감되지 않는다.

2024년, 나는 이 장소에 설치될 '노을공원 아트 파빌리온 프로젝트'의 지명 공모에 참여했다. 디자이너로서 이 프로젝트에 응하면서 내가 가장 먼저 느낀 것은 이 땅의 과거가 거의 완전히 지워졌다는 사실이었다. 거대한 쓰레기 더미 위에 흙을 덮고 생태를 복원한 지금, 그 이면을 암시하는 흔적은 오직 포집공 몇 개와 가스배관 정도뿐이다. 그조차도 의도적으로 감춰진 듯 배치되어 있어, 호기심 많은 방문객이 아니고서야 그저 조경시설로 오해받기 십상이다.

나는 이 지점을 디자인의 출발점으로 삼고자 했다. 과거의 흔적, 즉 적층된 쓰레기를 덮고 있는 현재의 표면(잔디와 조경)을 '그린 레이어(Green Layer)'라 명명하고, 그 레이어를 조심스럽게 들어 올린 듯한 구조물로 시각화하고자 했다. '그린 레이어'는 도시가 한때 이 땅에 무엇을 버렸고, 그 위에 어떤 방식으로 아름다움을 덧씌웠는지를 드러내는 상징적인 표면이다. 나는 그 레이어를 일부 들어 올려, 그 자체가 쉼터이자 오브제가 되고, 동시에 기억의 단면을 보여 주는 파빌리온 구조를 제안하고자 했다.

수도권매립지는 1992년부터 수도권 3개 시, 도의 생활폐기물을 처리하고 있는 위생매립지로, 이곳에서 포집된 가스는 발전시설로 보내져 매년 300억 원 규모의 전기를 생산하고 있다. 출처: 수도권매립지관리공사

매립지

미국 최대 규모의 매립지였던 프레시킬스 매립지는 현재 프레시킬스 공원으로 탈바꿈하여 많은 시민들의 사랑을 받고 있다. ⓒquiggy14, shutterstock.com

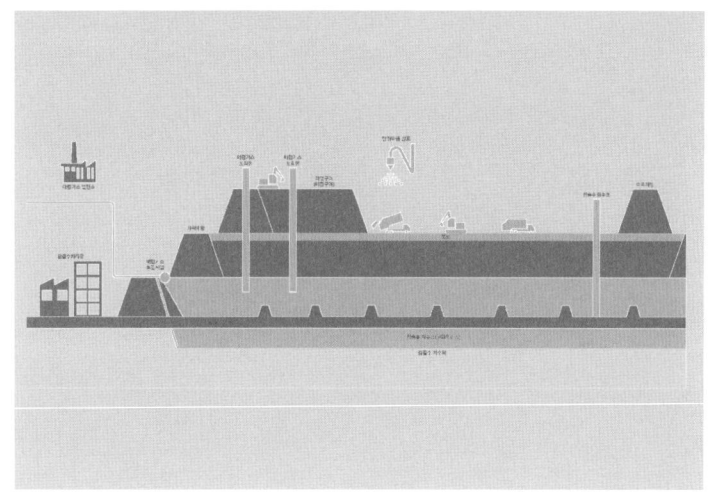

매립지의 구조, 작업 방식과 순서 등을 나타낸 계통도.
ⓒ김이홍 아키텍츠

쌓이고, 덮이고, 되살아나는 땅 – 매립지의 또 다른 얼굴

이러한 장소는 우리에게 묻는다. 혐오스러웠던 장소가, 시간이 흐른 뒤 사람들을 끌어들이는 생태 공간으로 변모할 수 있을까? 그리고 그러한 변화가 단지 '복원'이 아니라, 새로운 기억의 재구성이 될 수 있을까?

세계 여러 도시에서도 유사한 시도가 이어지고 있다. 미국 뉴욕의 프레시킬스 매립지는 한때 미국 최대 규모의 매립지였지만, 현재는 900ha에 달하는 생태 공원으로 서서히 전환되고 있다. 이곳은 단순히 흙을 덮고 나무를 심는 데서 그치지 않는다. 매립지 자체의 단면을 교육적으로 드러내는 장치들을 통해 쓰레기라는 존재를 숨기고 없애는 것이 아니라 더 잘 이해하도록 돕는다.

매립지는 쌓이고, 덮이는 공간이다. 동시에, 그러한 과거가 잊히기도, 되살아나기도 하는 장소이다. 매립지 위에 공원이 조성되고, 산책로가 나고, 조망대가 세워지는 일은 물리적인 재생을 넘어서, 도시가 과거를 되짚고 기억하는 방식과 태도를 보여 준다.

도시의 쓰레기는 어디로 흘러갈까?

쓰레기의 여정을 상상해 본 적 있는가? 쓰레기의 발생과 폐기, 적재와 분류, 가공에 이르기까지.
이러한 쓰레기의 여정을 따라가다 보면, 집에 아무렇게나 굴러다니는 쓰레기 하나도 달리 보일 것이다. 모든 쓰레기는 저마다 고유한 여정이 예정돼 있다.
쓰레기의 행로는 비밀스럽다. 모두가 잠든 사이 수거되어, 도시의 보이지 않는 공간에서 분류되고 매립, 소각, 가공된다. 그리고 이러한 공간들은 시간이 갈수록 더 눈에 띄지 않도록 도시 외곽으로, 지하로 숨겨지고 있다. 이러한 이동 경로와 풍경이 우리 눈에 잘 보이지 않아서일까? 버려지는 물건을 끊임없이 만들고 폐기하는 일에 점점 더 스스럼없어지는 듯하다.
지금 이 순간에도 우리가 만들어 내는 이 쓰레기는 어디론가 흘러간다. 지구에 최대한 해가 덜 가게 하기 위해서는, 쓰레기를 어떻게 버려야 할까. 아니, 그에 앞서 폐기의 공간들과 시스템 자체를 어떻게 달리 구성해 볼 수 있을까.

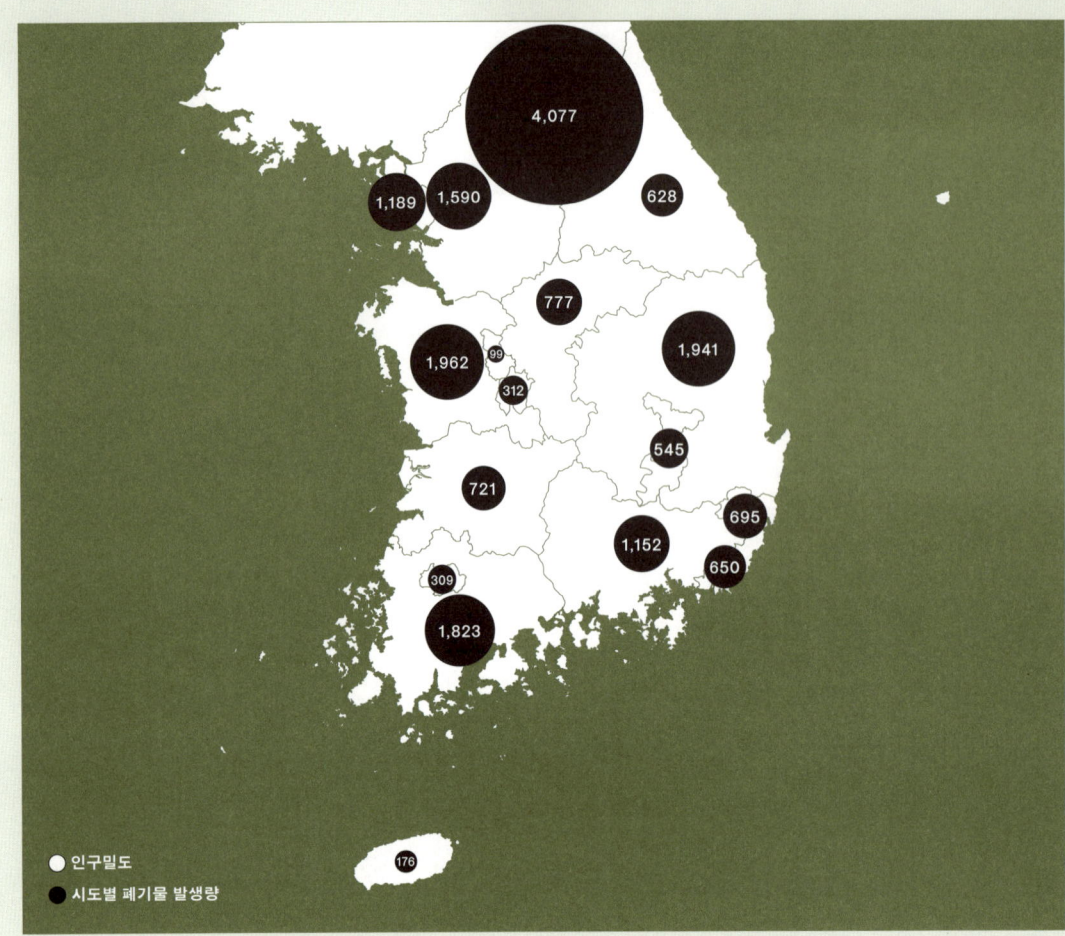

출처: 환경부·한국환경공단, 『2022년 전국 폐기물 발생 및 처리현황』
단위: 만t/년

도시의 쓰레기는 어디로 흘러갈까?

우리는 얼마나 버릴까?
전국 폐기물 발생량

2022년 한국에서 발생한 쓰레기의 양은 일 평균 51만t에 달한다. 2008년에는 36.8만t, 2016년에는 42.9만t이 발생했으니 급격한 성장세라고 할 만하다.

전국 폐기물 발생량을 살펴보면, 생활 인구가 집중된 수도권(서울·경기도·인천)에서 가장 많은 폐기물이 발생한다는 것을 알 수 있다. 인구가 집중된 지역일수록 매립이 어려운 경우가 많아, 소각과 재활용 등 매립 이외의 폐기물 처리 방법이 중요해진다.

한국 사회 가구 구조가 4인 가구 중심에서 1인 가구 중심으로 재편되며 음식 배달, 택배 주문이 자연스레 늘어났는데, 때문에 일회용품의 생산과 소비도 함께 늘어 폐기물 발생량도 급증한 것으로 보인다.[37] 또한, 코로나19의 유행으로 인해 배달과 택배가 이전보다 일상화된 것 역시 주요한 원인으로 볼 수 있다.[38]

---

[37] 강은지·박성민 기자, "산처럼 쌓이는 쓰레기… 매일 50만t씩 배출", 《동아일보》, 2022년 1월 10일자 기사.

[38] 최명신 기자, "하루 평균 쓰레기 배출량 50만 톤…'택배 증가 원인'", 《YTN》, 2022년 1월 10일자 기사.

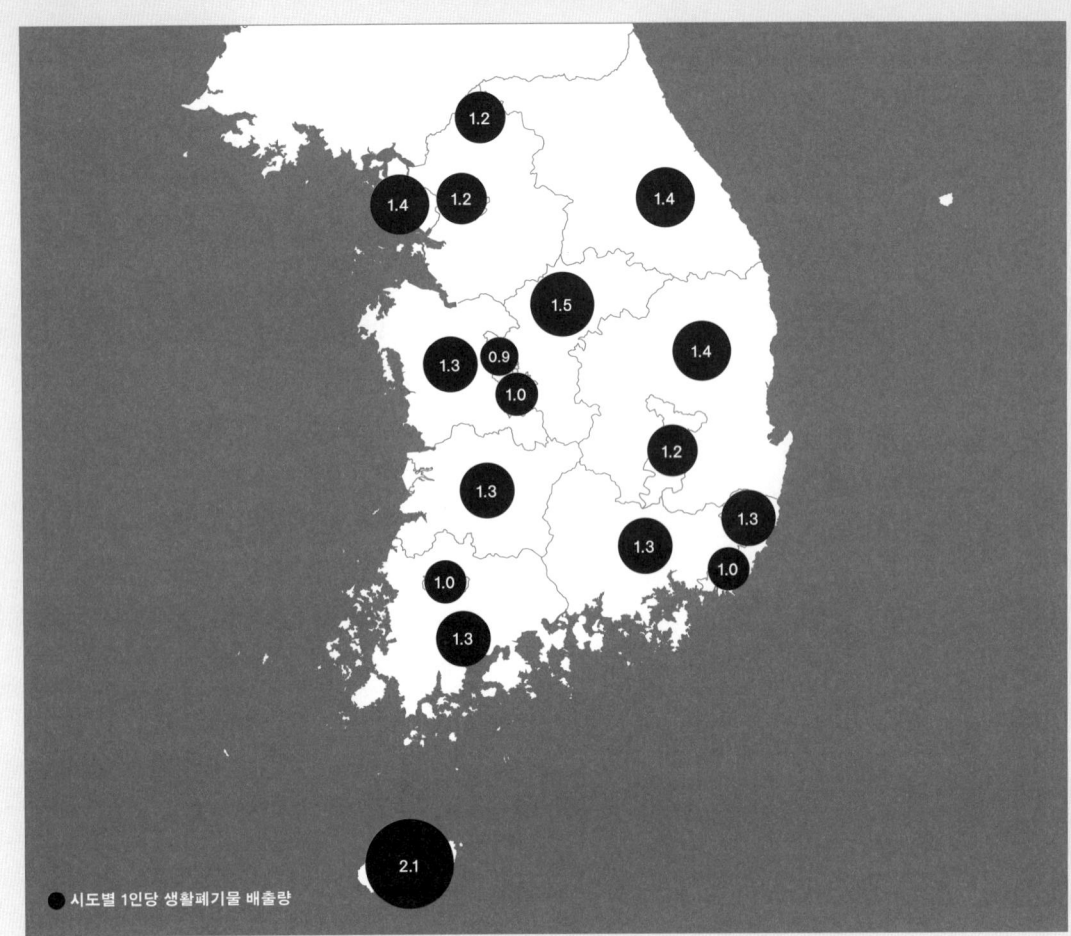

출처: 국가통계포털(KOSIS) e-지방지표, 주민 1인당 생활폐기물 배출량(2022)
단위: kg/일

우리는 얼마나 버릴까?
전국 1인당 생활폐기물 배출량

전국 1인당 생활폐기물 배출량을 살펴보면, 전국 시도별로 큰 차이가 없다는 것을 알 수 있다. 2022년 기준, 전국 평균 1인당 생활폐기물 배출량은 하루 약 1.2kg이다. 한 사람이 하루에 1.2kg의 쓰레기를 만들어 낸다니 놀라울 따름이다. 제주도는 특히 1인당 생활폐기물 배출량이 다른 시도에 비해 많은데, 관광이 활성화되어 있기 때문으로 추측된다.[39]

전국 1인당 생활폐기물 배출량은 꾸준히 증가해 왔다. 2002년에는 1.04kg을 배출했는데, 2019년에는 1.09kg을 배출했고, 2022년에는 1.2kg까지 늘었다. 2022년을 기준으로 하면, 각 가정에서 종량제봉투에 담아서 배출하는 쓰레기는 37.7%, 분리 배출하는 쓰레기는 40.6%, 음식물쓰레기는 21.7%이다.[40]

하지만 쓰레기종량제를 시행하기 전의 데이터를 보면, 1992년에는 1인당 생활폐기물 배출량이 1.8kg에 달했고, 이들 중 7.5%만이 재활용되었다. 1995년 시행된 쓰레기종량제가 생활폐기물의 양을 획기적으로 줄인 것이다.

39
지표누리 데이터 참조. (그래프명 '1인당 생활계폐기물 발생량')

40
강찬수 전문기자, "[쓰레기종량제 그후 10년] 절반의 성공... 처리비 절감 등 8조원 효과", 《중앙일보》, 2005년 1월 4일자 기사.

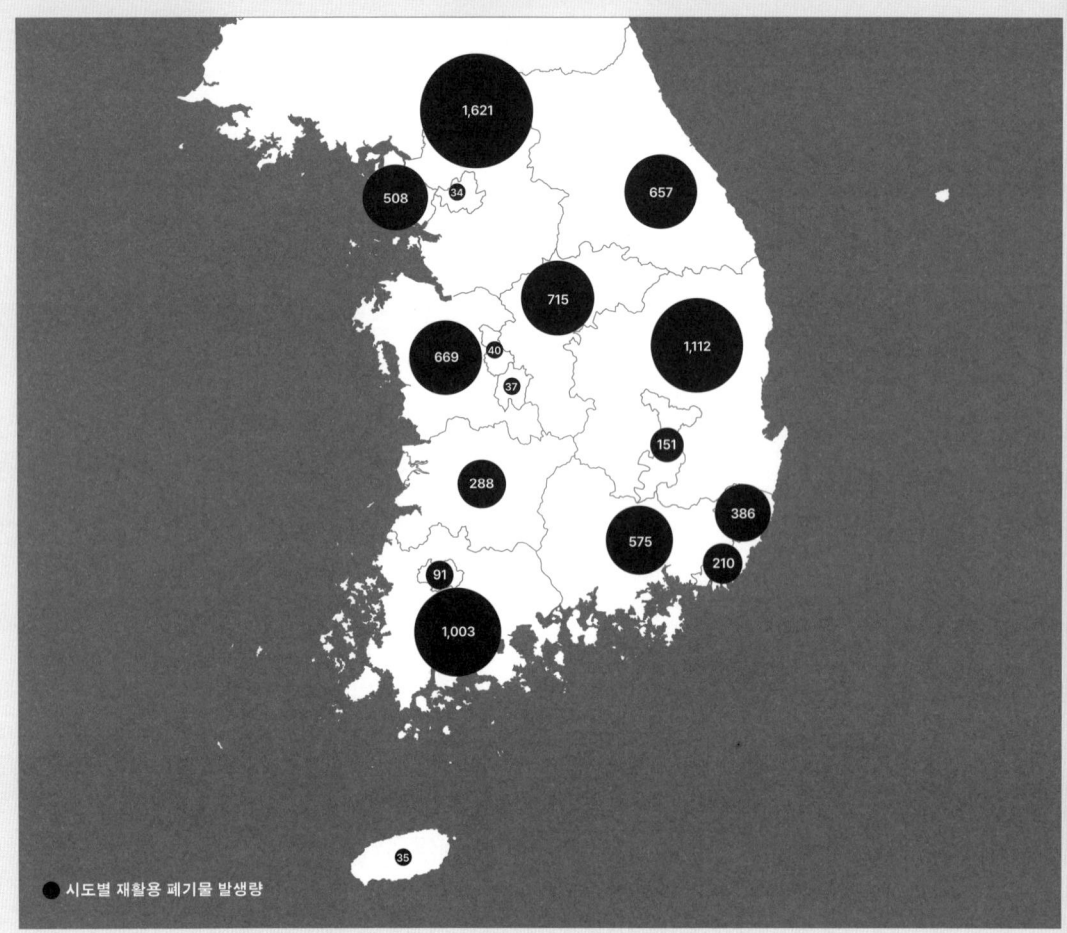

출처: 국가통계포털(KOSIS), 지역별 폐기물 재활용 현황(2022)
단위: 만t/년

우리는 얼마나 버릴까?
전국 재활용 폐기물 발생량

전국 재활용 폐기물 발생량을 살펴보면, 수도권이 전국 폐기물 발생량에 비해 재활용 폐기물 발생량이 적다는 것을 알 수 있다. 또한 수도권은 인구밀도에 비해서도 재활용 폐기물 발생량이 적다.

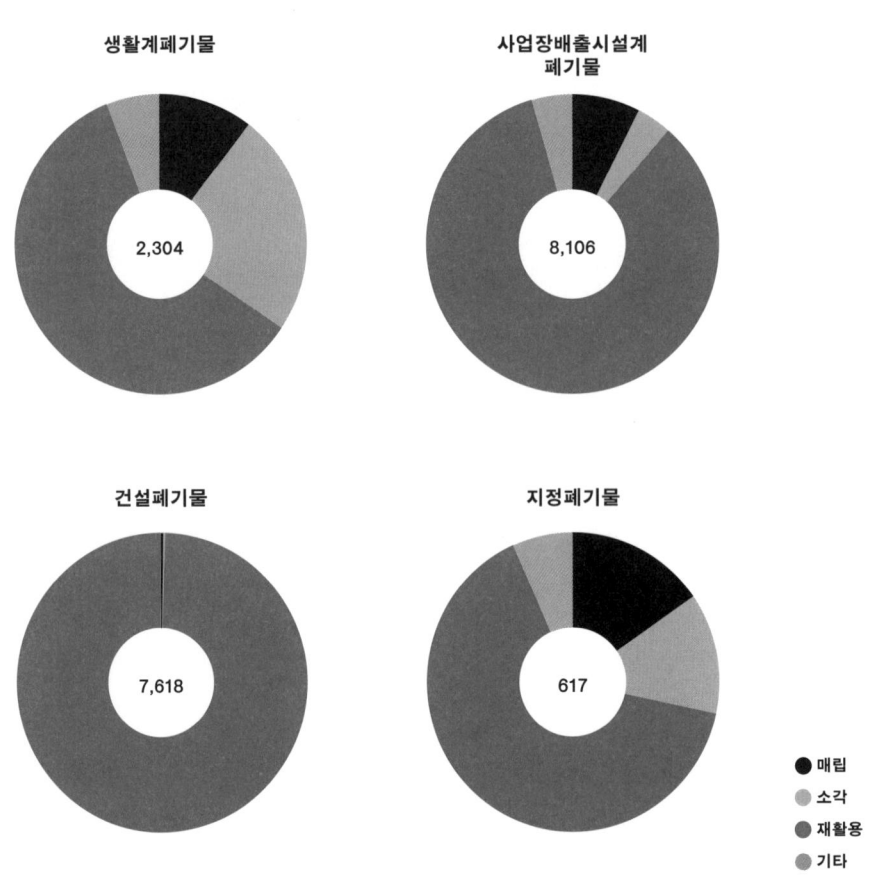

출처: 환경부·한국환경공단,『2022년 전국 폐기물 발생 및 처리현황』
단위: 만t/년

쓰레기의 종류와 처리법
폐기물 종류별 처리 방법 비율

모든 폐기물은 생활계폐기물, 사업장배출시설계폐기물, 건설폐기물, 지정폐기물 4종류로 구분할 수 있다. 생활계폐기물은 음식물쓰레기, 일반쓰레기 등 생활 과정에서 배출되는 쓰레기이다. 사업장배출시설계폐기물은 사업장에 설치된 배출시설, 방지시설[41]에서 발생하는 폐기물이다. 건설폐기물은 건설 현장에서 발생하는 목재, 콘크리트, 고철 등의 폐기물이다. 지정폐기물은 주변 환경을 오염시킬 수 있어 특별한 관리를 요하는 특수폐기물, 의료폐기물 등을 가리킨다.

모든 폐기물은 크게 4가지 방식으로 처리되는데, 매립, 소각, 재활용, 기타 방식이다. 폐기물 종류별 처리 방법 비율을 살펴보면, 폐기물의 종류와 관계없이 재활용이 가장 높은 비율을 차지한다. 그러나 생활계폐기물은 여전히 소각 비율이 높아 인구가 많은 지역일수록 소각장이 필요하다. 수도권이 소각장 부족으로 고민하는 이유이다.

단순히 재활용 비율이 높은 것에 집중할 것이 아니라, 어떤 방식으로 재활용되는지에도 관심 있게 접근할 필요가 있다. 재활용을 통해 만들어진 재활용품의 품질이 점점 낮아진다면, 이는 사실상 폐기를 뒤로 미루는 일밖에 되지 않는다. 재활용을 통해 품질이 높고 오랜 시간 사용할 수 있는 제품을 만드는 여력을 갖추는 것이 중요하다.

---

[41] 오염물질을 줄이거나 제거하기 위해 설치된 설비

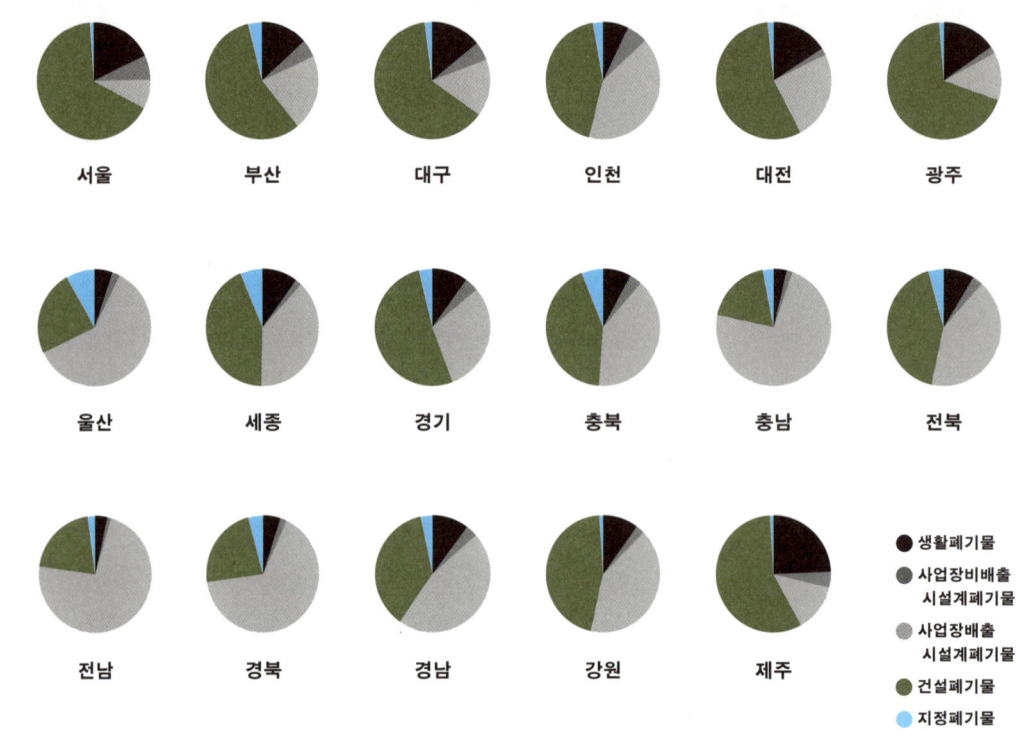

출처: 환경부·한국환경공단, 『2022년 전국 폐기물 발생 및 처리현황』
단위: 만t/년

쓰레기의 종류와 처리법
시도별 폐기물 비율

시도별 배출하는 폐기물의 비율을 살펴보면, 지역별로 그 비율이 상이함을 알 수 있다. 예컨대 서울, 부산, 대구, 광주의 경우 건설폐기물이 높은 비율을 차지하고, 울산, 충남, 전남, 경북의 경우 사업장배출시설계폐기물이 높은 비율을 차지한다. 제주도는 생활폐기물의 비율이 높다.

건설 현장에서 발생하는 건설폐기물의 비율은 모든 시도에서 대체로 높게 나타나고 있다. 건설폐기물은 99% 재활용되는데, 이는 건설폐기물이 본래 천연자원인 모래, 흙, 자갈, 석회석이었던 것과 관련 있다. 폐콘크리트는 5~40mm로 쪼개져 순환골재가 되어 자갈, 모래 등의 자연골재 대신 사용된다. 순환골재는 자연골재보다 가볍고 저렴하며, 재활용할 때 복잡한 처리 과정을 거칠 필요도 없다. 다만 품질이 전반적으로 낮고 수급이 불안정해 구조물, 건축 공사보다는 토목공사에 주로 쓰인다.[42]

사업장배출시설계폐기물과 지정폐기물은 해당 지역에 들어선 제철, 화력발전, 석유화학 등 산업 및 공업 입지 상황과 관련이 있다. 일반적으로 에너지를 많이 소비하는 제철, 화력발전 산업이 자리한 지역일수록 사업장배출시설계폐기물 배출량이 많으며, 석유화학 산업이 자리한 지역일수록 지정폐기물 배출량이 많다. 예를 들어 충청남도는 당진에 제철소와 석탄 기반 화력발전소가 밀집해 있고, 대산석유화학단지가 들어서 있어 사업장배출시설계폐기물 배출량이 다른 지역에 비해 높다.[43]

---

[42] 이오성 기자, "원래 건설폐기물이라는 말은 존재하지 않는다", 《시사인》, 2021년 8월 16일자 기사.

[43] 이원구 기자, "충청남도, 산업폐기물 배출량 '전국 2위'", 《백제뉴스》, 2023년 3월 30일자 기사.

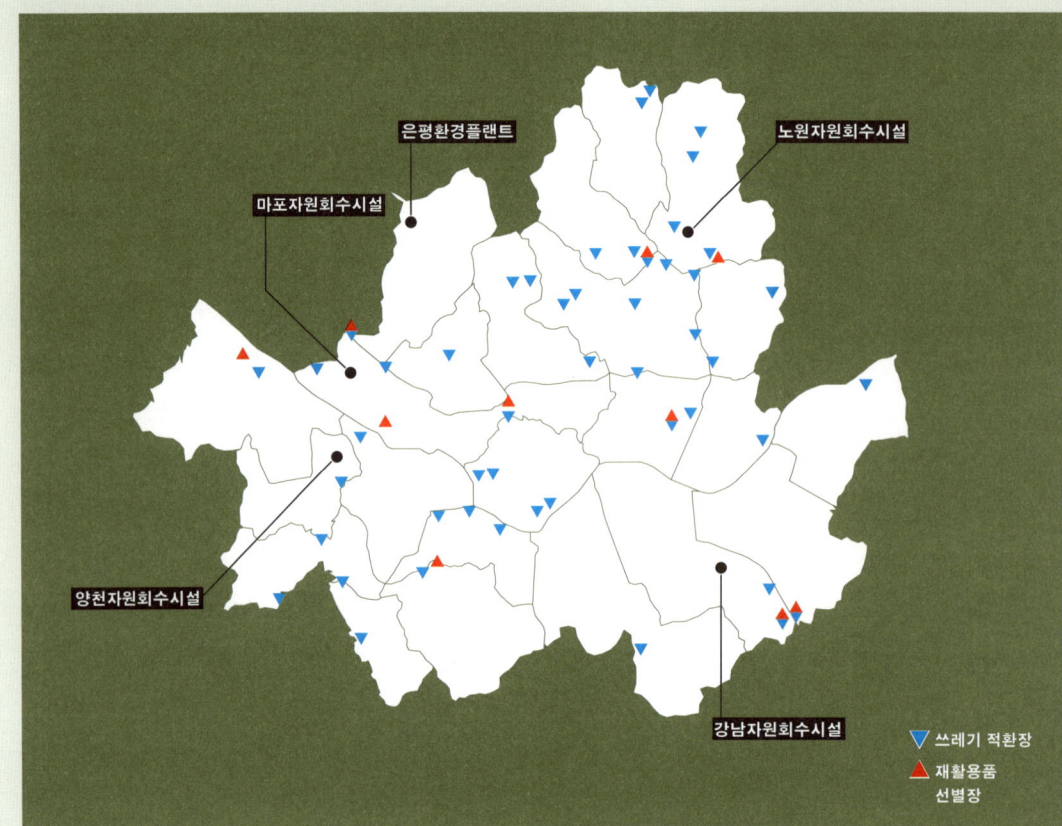

감추어진 폐기의 공간들
서울시 쓰레기 적환장, 재활용품 선별장 및 자원회수시설

수거된 폐기물들은 어떤 공간을 거쳐 이동하고 있을까? 우리가 버린 일반쓰레기와 재활용품은 밤 사이 트럭에 실려 각각 적환장과 재활용품 선별장으로 운송된다. 적환장에 약 1주일간 보관되는 동안 폐기물 선별이 진행되고, 선별을 마친 폐기물들은 소각장이나 매립지로 향한다. 한편 재활용품 선별장은 재활용 폐기물을 종류별로 분류하는 장소이다. 실제 리사이클링 가능한 재활용품을 일일이 손으로 골라내는 경우가 많은데, 때문에 최근에는 선별시설 선진화에 대한 목소리가 높아지고 있다.[44] 소각장은 소각 과정에서 발생하는 열·에너지를 회수하여 재활용할 경우, 자원회수시설로 분류된다.

서울시를 기준으로 보면, 총 49곳의 적환장과 10곳의 재활용품 선별장, 5곳의 자원회수시설(환경플랜트)이 있다. 그런데 서울 공간에서 살아가더라도 이 공간들을 발견하기란 어렵다. 적환장과 재활용품 선별장 역시 소각장처럼 기피시설로 인식되고 있기 때문이다. 이러한 이유로 적환장과 재활용품 선별장은 계속해서 지하화되는 추세이다. 지역 주민의 반발을 피하려 지하에 쓰레기 압축시설과 재활용 처리시설을 두고, 분진이나 악취 제거 설비를 갖추는 것이다. 다만 시설이 지하화되는 경우 시설 노동자들의 업무 환경 역시 지하에 감춰진다. 시설의 지하화와 함께 공정 자동화가 함께 병행되어야 하는 이유이다.

단위: 개소

시설	개소
쓰레기 적환장	49
재활용품 선별장	10
자원회수시설	5

[44] 이용 기자, "[기획] '시작부터 난항'… 재활용 선별장 지원 필요", 《매일일보》, 2023년 12월 27일자 기사.

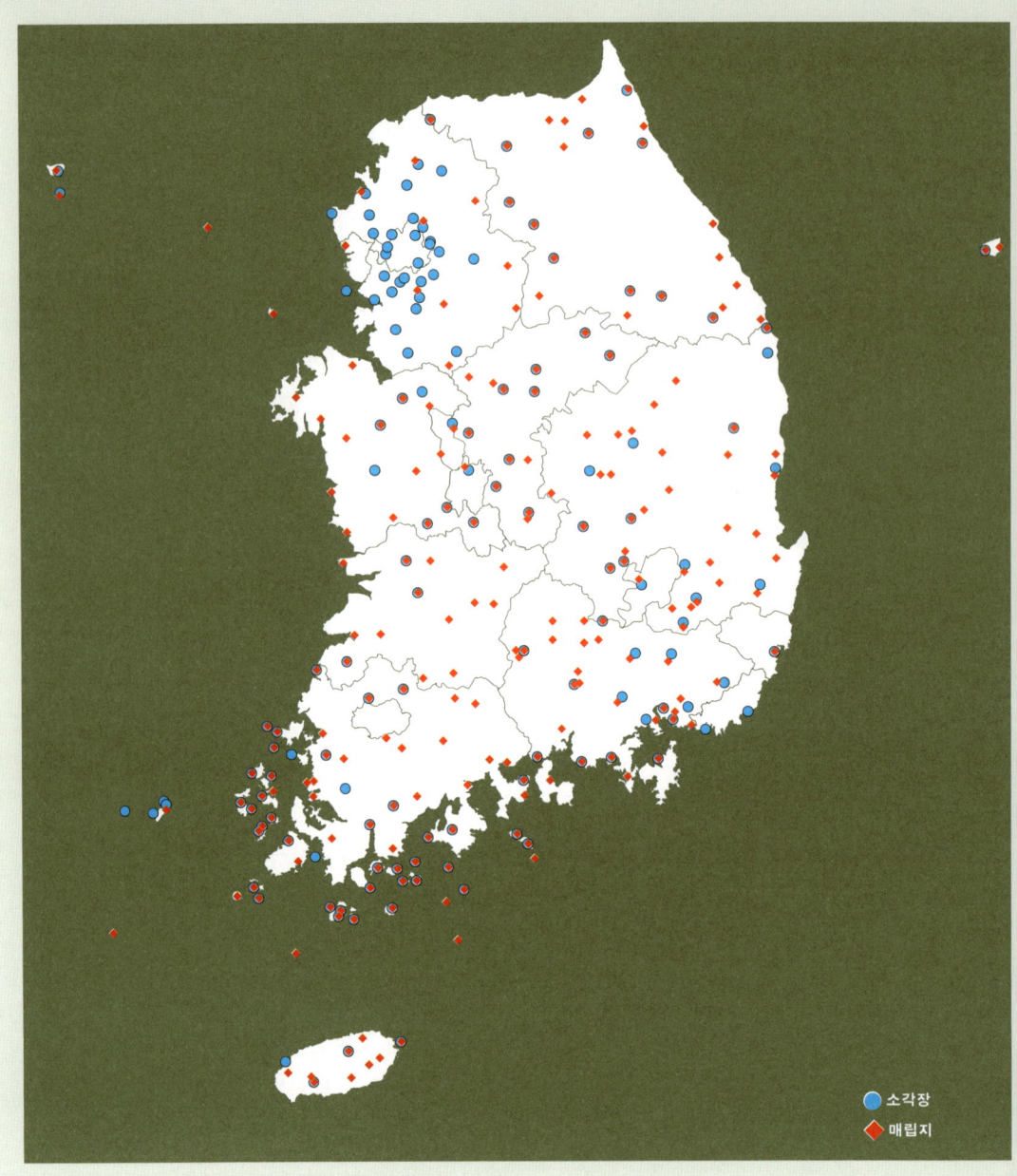

감추어진 폐기의 공간들
전국 소각장 및 매립지 현황

단위: 개소

지역	소각장	매립지
서울	5	0
부산	2	0
대구	1	2
인천	3	5
대전	1	1
광주	0	0
울산	2	2
세종	0	1
경기	25	9
충북	10	13
충남	7	14
전북	3	13
전남	46	63
경북	15	33
경남	14	28
강원	14	23
제주	4	9

적환장, 재활용품 선별장의 경우와 마찬가지로, 일상에서는 소각장과 매립지를 마주할 일이 많지 않다. 하지만 보이지 않는 소각장과 매립지가 한국 땅을 가득 채우고 있다. 수도권을 보면, 매립지는 보통 교외에 분포하는 반면, 소각장은 도시 안에도 많이 분포하는 것을 알 수 있다. 인구가 적어 발생하는 폐기물이 비교적 적고, 소각장을 통해 만들어 내는 난방열과 전기를 사용하기 곤란한 농촌 지역일수록 매립지가 많이 분포한다. 한편 전라남도는 매립지와 소각장이 다른 시도에 비해 많은데, 이는 폐기물 운송이 곤란해 자체적으로 폐기물을 처리해야 하는 섬 지역이 많기 때문으로 추측된다. 울산과 같은 공업도시의 경우 공단 내에 자체적인 소각장이 설치된 경우도 있다.

어떻게 쓰레기를 처리할 것인가? 이 선택은 도시화 정도와 상관이 있다. 도시화가 많이 진행된 지역이거나 새로 건설된 도시일수록 매립지보다는 소각장을 택하게 된다. 각 시에서 쓰레기를 자체적으로 처리해야 하는 수도권의 경우, 소각장은 단순한 쓰레기 처리시설이 아니라 필수적인 사회 기반시설(infrastructure)에 가깝다. 때문에 수도권은 소각장의 소각 용량도 다른 지역에 비해 크다.

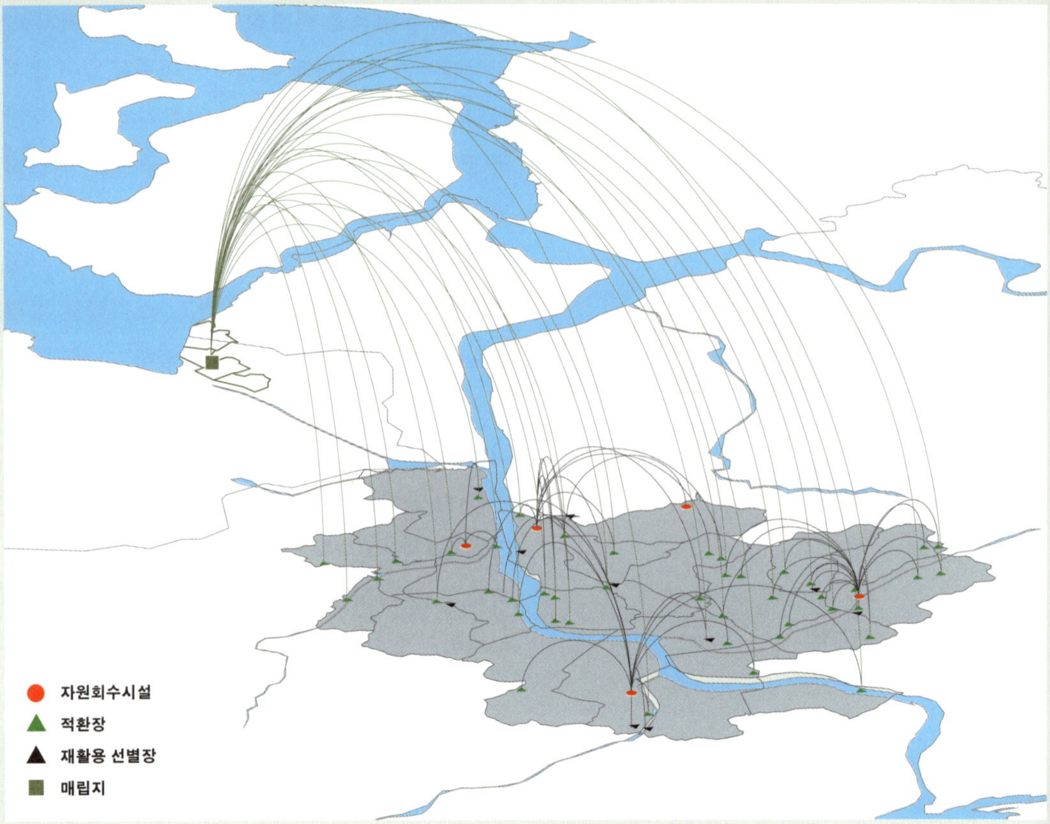

- 🔴 자원회수시설
- 🔺 적환장
- ▲ 재활용 선별장
- ■ 매립지

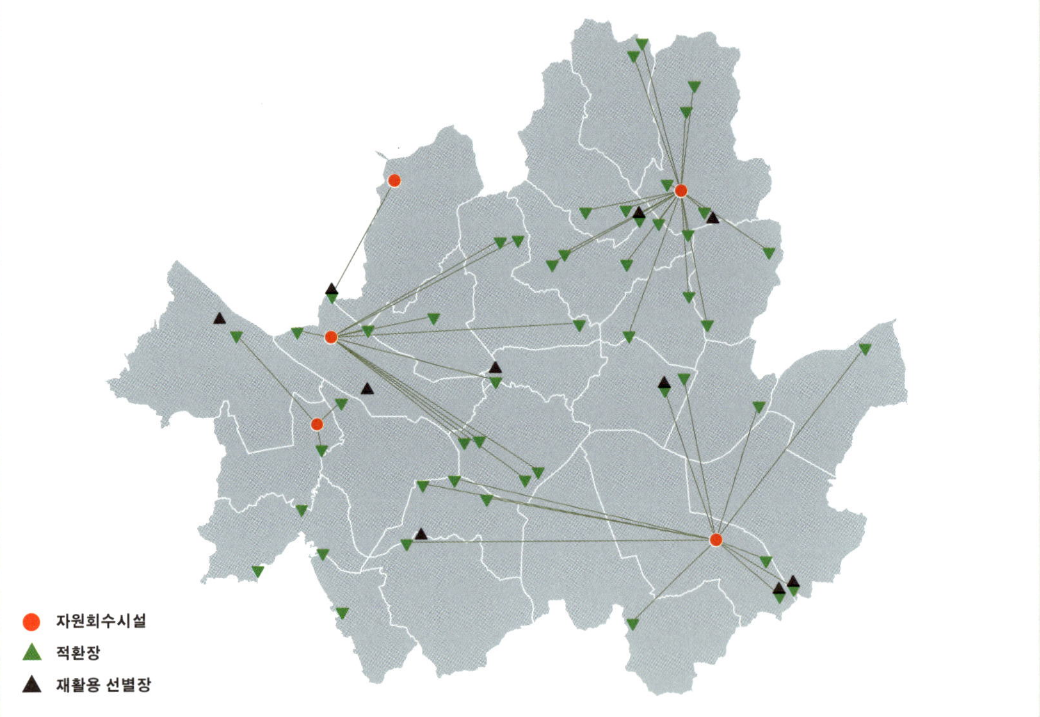

- 🔴 자원회수시설
- 🔺 적환장
- ▲ 재활용 선별장

도시의 쓰레기는 어디로 흘러갈까?

감추어진 폐기의 공간들
서울시 폐기물 동선

한국에서 도시화가 가장 많이 진행된 서울시를 기준으로, 쓰레기의 여정을 살펴보자. 소각, 매립되는 폐기물의 경우, 각 가정과 사업장에서 배출된 후 개별 수집되어 적환장으로 운송된다. 적환장 내에 보관된 폐기물들은 종류와 처리 방법에 따라 지정된 소각장(구별로 담당 소각장 보유)이나 수도권매립지로 향한다. 수도권매립지로 들어오는 폐기물 중 약 48%는 서울의 폐기물이며, 경기도는 33%, 인천은 19%에 불과하다. 서울에서는 하루 약 3,200t의 생활폐기물이 발생하는데, 서울의 소각장들은 그중 2,200t을 태운다. 하루 1,000t가량을 수도권매립지로 보내는 셈이다.[45]

수도권매립지는 서울 난지도 매립지의 대체 매립지로, 인천 간척지 위에 들어섰다. 1989년 착공해 1991년 제1매립장이 완공되며 사용하기 시작했다. 제2매립장은 2001년, 제3매립장은 2019년 완공되었다. 전체 면적은 1600만㎡, 축구장 2,300개 규모로 단일 매립지로는 세계 최대이다. 현재는 3-1매립장을 이용하고 있는데, 3-1매립장의 매립률은 65% 정도이다.

수도권매립지는 원래 2025년 사용이 종료될 예정이었으나, 대체 매립지를 찾는 데 계속해서 실패해 현실적으로 사용 종료가 어려운 상황이다. 2042년까지 수도권매립지 사용이 연장될 수 있다는 예측도 나온다.[46]

---

[45] 오정우 기자, "종료 1년 남았는데…대체지 못찾는 매립지", 《뉴시스》, 2024년 6월 10일자 기사 참조.

[46] 강종구 기자, ""2025년 수도권 쓰레기 매립지 종료" 외쳤던 인천의 꿈 '물거품'", 《연합뉴스》, 2025년 1월 28일자 기사.

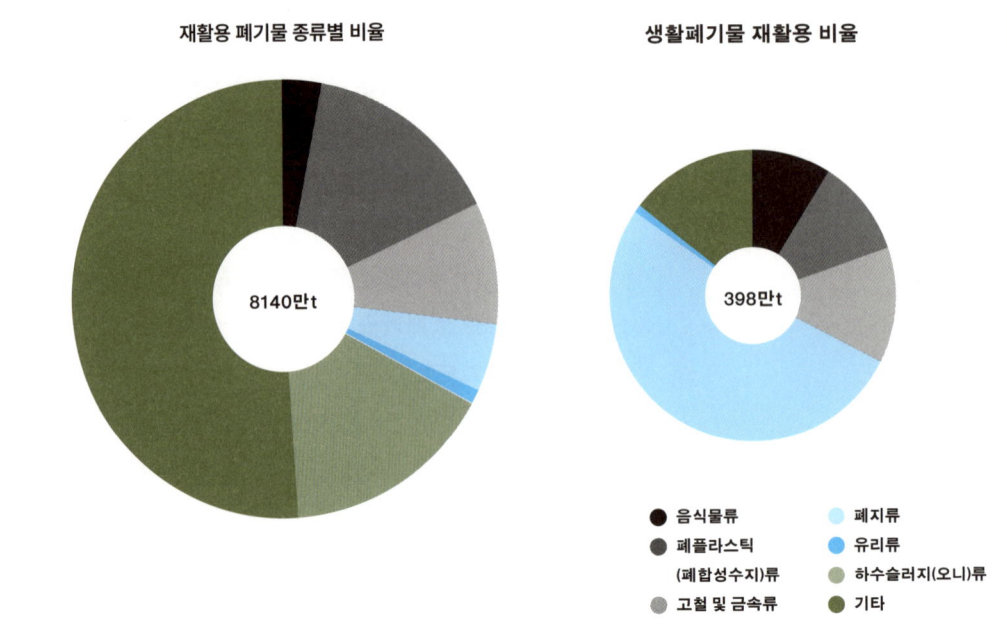

출처: 국가통계포털(KOSIS), 폐기물종류별 재활용 코드별 세부현황(2022)

우리는 얼마나 다시 쓸까?
재활용 폐기물 종류별 비율

47 2022년 기준, 대략 8140만t의 쓰레기가 재활용되었다. 우리가 실생활에서 버리는 생활폐기물 중 재활용 폐기물량만 따져도 대략 400만t에 달한다. 그중 가장 많이 재활용되는 것은 폐지류이고, 고철이 그다음으로 많다. 종이와 철을 재활용하는 기술은 오래전부터 발전해 왔고, 오늘날에도 재활용이 쉽기 때문이다. 음식물쓰레기도 대부분 재활용된다. 음식물쓰레기를 잘게 부수고 발효시키면 퇴비가 되는데, 이 퇴비는 농가에 무상으로 공급된다.

가장 재활용하기 복잡한 건 플라스틱(합성수지)이다. 플라스틱은 자연에서 발견되는 재료가 아니라 화학적으로 합성한 고분자 화합물이기 때문에 재활용의 역사도 짧다. 플라스틱은 세척, 가공, 압축시켜 새 플라스틱 제품을 만드는 원료로 만들어야 한다. 처리 과정이 많은 만큼 공정을 하나씩 거칠수록 원료의 가격도 높아진다. **48**

재활용이 필요한 까닭은 그것이 윤리적이거나 환경 친화적인 처리 방식이기 때문이기도 하지만, 동시에 피할 수 없고 경제적인 선택이기 때문이기도 하다. 매립과 소각은 장기적인 관리 비용을 따지면 재활용보다 경제적이라 보기 어렵다. 가장 합리적인 쓰레기 처리 방식은 결국 재활용이다.

47
한국환경공단,『2022년 폐기물 재활용실적 및 업체현황』, 2023년 12월.

48
윤병효 기자, "'5배 더 비싸'…폐지보다 폐플라스틱 모으는 시대",《에너지경제신문》, 2024년 7월 7일자 기사 참조.

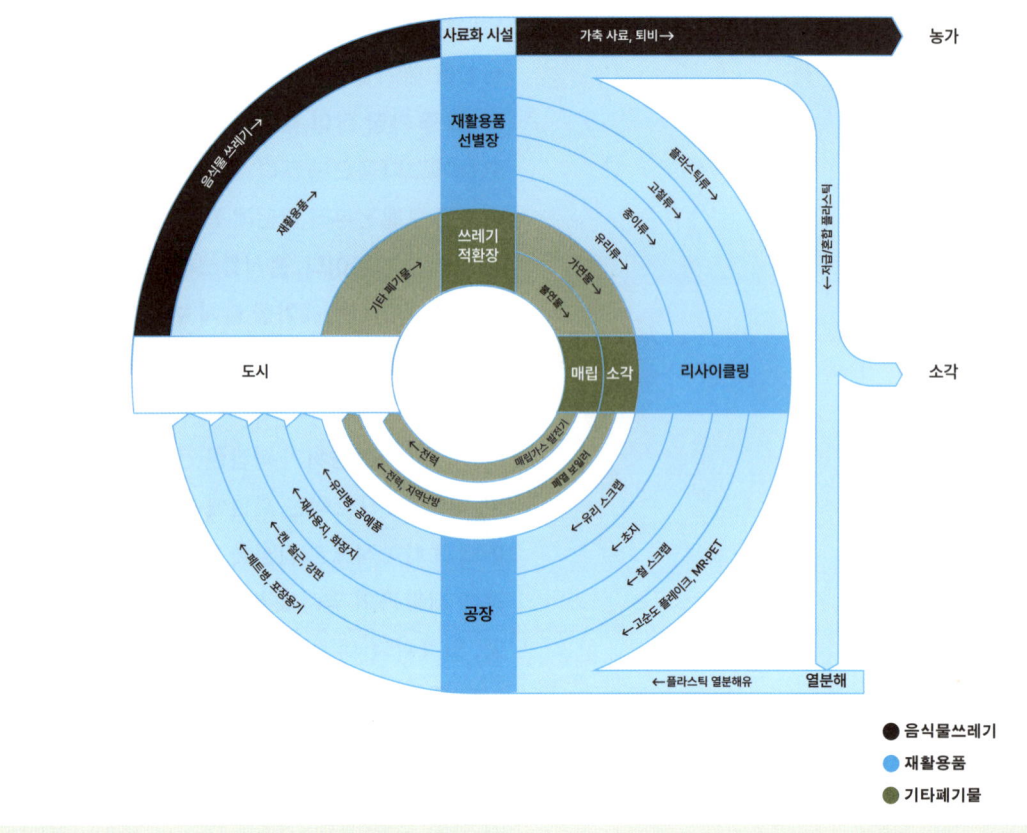

우리는 얼마나 다시 쓸까?
폐기물 순환 과정

도시에서 발생하는 폐기물은 대부분 재활용된다. 매립되거나 소각되는 경우에도 폐열 보일러 혹은 매립가스 발전기를 통해 그 일부가 전력, 난방열 등의 형태로 도시로 되돌아온다. 음식물쓰레기의 경우, 퇴비화 과정을 거쳐 거의 대부분 재활용된다. 주로 가축 사료와 퇴비로 재가공되어 농가에 무상으로 제공된다. 플라스틱은 고분자 화합물로 재활용 과정이 다양하고 복잡하다. 일반적으로 플라스틱류 폐기물은 리사이클링 과정을 거쳐 고순도 플레이크 등의 형태로 다시 원료화된 후 공장에 보내진다. 반면 혼합 플라스틱이나 저품질 플라스틱의 경우 소각되기도 한다. 이들 중 일부는 열분해 과정을 거쳐 플라스틱 열분해유가 되는데 석유화학공장 등에서 연료로 쓰이거나 제품 제작 원료로 쓰인다.

환경부가 매년 공개하는 『전국 폐기물 발생 및 처리현황』을 보면 발생한 폐기물 중 재활용되는 쓰레기의 비율은 90%에 달한다. 생활폐기물의 재활용 비율도 60%에 달한다. 그러나 이 통계에는 맹점이 있다. 환경부는 폐기물이 재활용품 선별장으로 운송되기만 하면 재활용 처리된 것으로 집계한다. 선별장에서 탈락해 소각되거나 매립되는 폐기물을 제외하지 않는 것이다. 예를 들어 유럽연합은 재활용에 에너지 회수(소각)를 포함하지 않기에, 재활용률은 40% 정도이다. 한국도 관련 법령을 국제 기준에 맞출 필요가 있다.[49]

---

[49] 최준선 기자, ""우리나라 재활용률 90% 육박"... 정부 통계 믿어도 되나요? [지구, 뭐래?]", 《헤럴드경제》, 2022년 1월 4일자 기사.

버려진 것들의 공간, 랜드마크가 되다

3

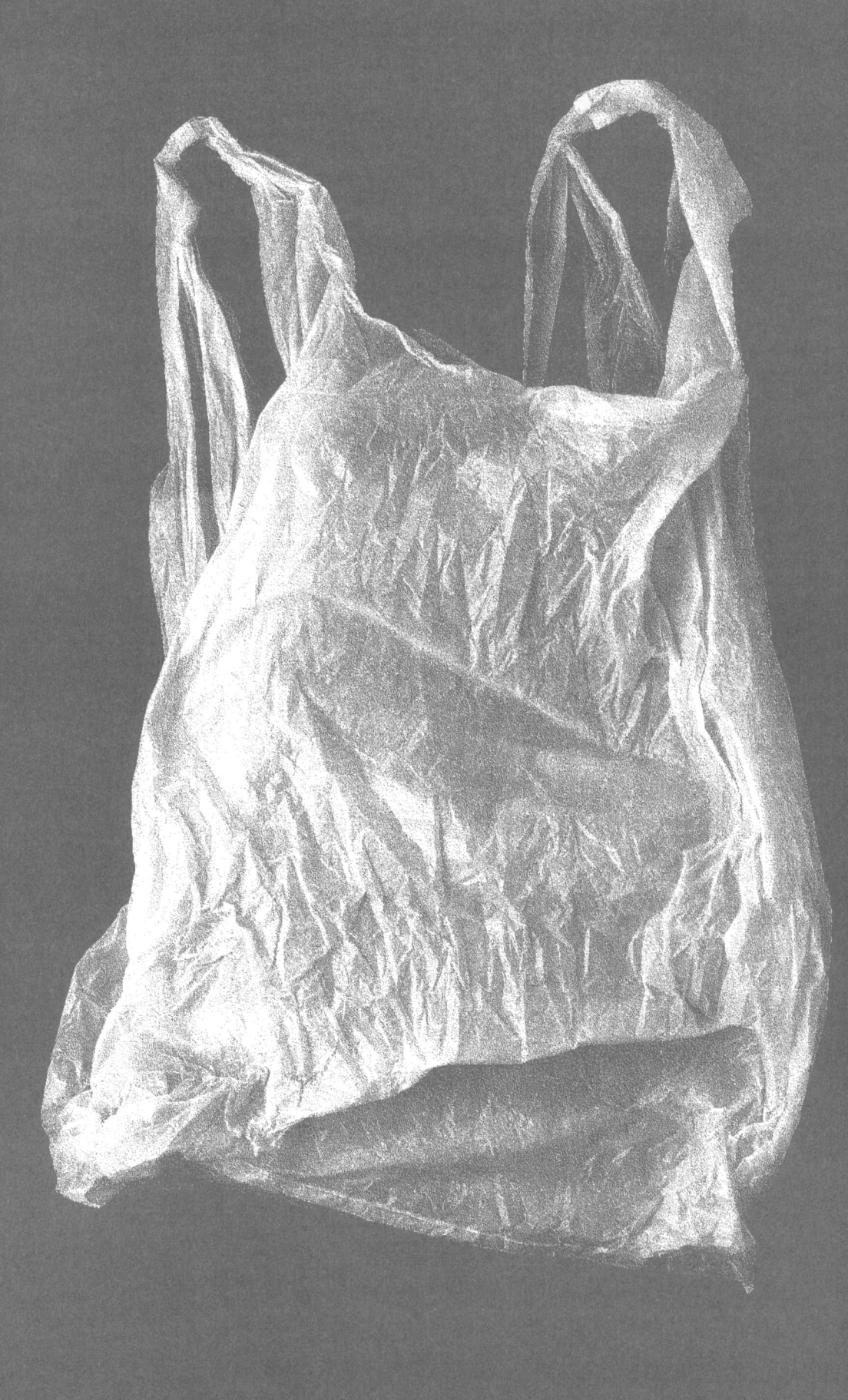

대다수 폐기의 공간들에는 여전히 '혐오시설'이란 낙인이 찍혀 있지만, 이러한 혐오시설 이미지를 전복시켜 랜드마크화한 도시들이 있다. 한때는 쓰레기 매립지, 소각장이었던 공간들을 공원, 박물관, 미술관 등 다양한 콘셉트의 공간으로 전환해 낸 것이다. 나는 이러한 예들에서 건축의 실질적 영향력, 건축가의 사회적 책무를 발견한다.

이번 장에서는 프랑스, 영국, 덴마크 등 유럽의 선진화된 사례도 소개하지만, 한편으로는 그에 못지않은 임팩트를 내고 있는 국내의 사례들도 소개하려 한다. 하늘공원과 노을공원, 부천아트벙커B39 등 한때 우리가 내버렸던 것들에서 새로운 가치를 찾아내는 공간들 말이다. 죽음을 생각했을 때 우리 생의 의미가 더 선명해지는 것처럼, 버려지는 쓰레기에 대해 생각했을 때 도시적 삶의 단면이 더 선명히 보이는 듯하다. 이번 장을 통해 소개하는 공간들은 끊임없이, 그리고 아주 자연스럽게 쓰레기에 대한 생각들을 우리 앞으로 불러낸다. 쓰레기를 자꾸만 터부시하고 보이지 않는 곳으로 감추기에 급급하다면, 우리가 사는 이 도시는 결국 겉만 번드르르한 채 곪아 갈지도 모른다. 우리 앞에 새로운 모습으로 등장하며 메시지를 던지는 폐기의 공간들은 도시를 더 건강한 방향으로 나아갈 수 있게 만든다.

**오스트리아 빈
슈피텔라우 소각장**

**예술적 랜드마크가 된
도시의 터줏대감**

'랜드마크'는 도시의 얼굴이자 상징이다. 랜드마크가 되려면 가시성을 갖추어야 하고 조형적 가치를 가지고 있어야 한다. 쉽게 말해 도시 어디서든 잘 보여야 하고, 기억에 남을 만한 형태여야 한다는 것이다. 그래서일까. 소각장은 도시에 필요한 대표적인 시설임에도 불구하고 한 도시의 랜드마크가 되기 힘들다. 산업시설의 목표는 잘 보이지 않는 것이고, 특히 소각장은 조형적이라기보다는 기능적인 외관을 갖춘 경우가 많기 때문이다. 하지만 오스트리아의 수도 빈에는 명실공히 랜드마크로 대접받는 소각장이 있다. '오스트리아의 가우디'로 불리는 프리덴스라이히 훈데르트바서의 작품으로 당당히 인정받는 슈피텔라우 소각장이 그 주인공이다.

슈피텔라우 소각장은 원래 1969년부터 사용이 시작된, 빈의 가정용 쓰레기를 처리하는 소각장이었다. 기존 소각장이 1987년의 화재로 손상되자, 1989년 시는 자연과 인간의 평화로운 공존을 지향하는 예술가이자 건축가이며 환경운동가인 훈데르트바서에게 리모델링을 맡기려 했다. 그러나 자연을 중시하는 자신의 철학에 따라 소각장에 대한 반감이 있었던 훈데르트바서는 그 요청을 거절했다. 그를 설득하기 위해 헬무트 질크 시장은 소각장에서 쓰레기를 태우는 열로 6만여 개의 가구에 난방 에너지를 공급할 수 있다는 점을 강조하고, 소각장에 최신 배출가스 정화시설을 도입해 환경에 해를 끼치지 않을 것을 약속했다. 시를 위한 일임을 받아들인 훈데르트바서는 프로젝트를 맡았고, 소각장의 문제를 기술적으로 풀어내는 동시에 미학적 가치도 불어넣고자 했다. 이런 과정을 거쳐 오늘날 볼 수 있는 슈피텔라우 소각장의 모습이 1992년에 완성되었다.[50]

훈데르트바서의 목표대로, 슈피텔라우 소각장은 시대를 앞서간 소각장이 되었다. 이 소각장은 1년에 약 25만t의 쓰레기를 소각하는데, 이는 빈의 전체 생활폐기물 중 1/3에 달한다. 소각 과정에서 나오는 폐열은 6만 가구에 에너지를 공급하는 데 활용된다. 또한 슈피텔라우 소각장에는 대도시인 빈과 공존하기 위한 세심한 배려들이 깃들어 있다. 예를 들어 슈피텔라우 소각장의 상징인, 굴뚝에 달린 '황금 공' 속에는 분진과 유해 가스를 걸러 내[51]

---

[50] 김금영 기자, "[주목 전시] 쓰레기 소각장에 아트 입힌 훈데르트바서", 《CNB저널》, 2016년 12월 23일자 기사 참조.

[51] https://c20society.org.uk/building-of-the-month/spittelau-incinerator-vienna

오스트리아 빈
슈피텔라우 소각장

공공미술작품처럼 보이는 외관으로 도시 전체에 활기를 불어넣는 슈피텔라우 쓰레기 소각장의 전경. ©Dimitry Anikin, Wikimedia Commons

© 2025 NAMIDA AG, Glarus, Switzerland

버려진 것들의 공간, 랜드마크가 되다

는 정화 장치가 설치되어 있다. 또한, 탈질소산화물과 다이옥신을 중화시키는 처리시설이 세계에서 가장 앞서 설치되었다. 폐기물 수거 트럭이 쓰레기를 쏟아낼 때에 집하장 안의 공기를 빨아들여 악취가 새어 나오지 못하게 하는 기술도 적용되었다.[52]

무엇보다 소각장의 외관 자체가 도시에 활기를 불어넣는 공공미술의 성격을 띤다. 직각과 단색에 대한 훈데르트바서의 반감이 반영되어, 슈피텔라우 소각장에는 다채로운 색상과 곡선이 적극적으로 쓰였다. 소각장을 장식하는 다양한 마감재는 모두 재활용품으로 만들어졌다.

훈데르트바서 미술관과 슈피텔라우 소각장을 포함하는 '훈데르트바서 투어'는 오늘날에도 빈의 대표적인 투어 상품이다. 연간 50만 명 이상의 관광객이 슈피텔라우 소각장을 방문하고 있다고 하니, 빈의 관광 산업에도 크게 기여하고 있는 셈이다. 소각장 내부를 둘러볼 수 있는 투어 프로그램도 마련되어 있으니, 오스트리아를 찾는 방문객들에게 슈피텔라우 소각장을 자세히 둘러볼 수 있는 기회가 되어 줄 것이다.

한편, 멀리 유럽을 갈 것 없이 가까운 일본에서도 훈데르트바서의 소각장 건축물을 만나 볼 수 있다. 일본 제2의 도시 오사카에는 인구 272만 명이 배출하는 쓰레기의 25%를 처리하는 마이시마 소각장(2001년 준공)이 있다. 소각장 건립이 발표되자 오사카 주민들의 반발이 무척 거셌는데, 오사카시는 더럽고 냄새 나는 소각장의 이미지를 완전히 바꾸겠다고 약속하며 훈데르트바서에게 설계를 맡겼다. 소각장은 금세 명소가 되었다. 독특한 외관 때문에 많은 관광객이 방문하는 곳이기도 하지만, 이곳은 공원이자 친환경교육장으로 열려 있다. 모형 쓰레기를 크레인으로 수집한 뒤 파쇄기와 선별기를 거치는 공정을 형상화한 체험시설로 어린이들의 흥미를 끌기도 한다.[53] 연간 3,000명의 학생들이 이곳을 방문하여 환경과 관련한 그림을 그리고 감상문을 쓴다. 그리고 이 작품들은 소각장 내부에 전시되고 있다.[54]

---

[52] 김현철 기자, "[기획] 기후위기, 폐기물 처리 모범 오스트리아 '슈피텔라우 소각장'", 《인천투데이》, 2023년 8월 27일자 기사 참조.

[53] 강종구 기자, "[르포] 혐오시설이라고?... 놀이시설 같은 일본 쓰레기 소각장", 《연합뉴스》, 2019년 5월 22일자 기사 참조.

[54] 좌동철 기자, "'예술작품'이 된 쓰레기소각장의 변신", 《제주일보》, 2018년 10월 10일자 기사 참조.

덴마크 코펜하겐 코펜힐

모든 현대 소각장의 롤모델

'롤모델'은 많은 이들이 응당 따를 수 있는 독보적인 전형을 뜻한다. 그렇다면 소각장의 롤모델도 있을까? 하나만 꼽아 본다면, 덴마크의 수도 코펜하겐에 자리한 코펜힐을 주저 없이 택해야 할 것 같다. 코펜힐이야말로 '도시와의 공존'이라는 모든 소각장의 꿈이자 목표를 제대로 이룬 곳이기 때문이다.

코펜힐은 코펜하겐의 아마게르 지역에 위치한 소각장이자 발전소이다. 그 설계는 덴마크의 비야케 잉겔스 그룹이 맡았다. 건축가는 이 건물의 성격을 '쾌락적 지속가능성'이라 표현했는데, 이 소각장이 지속가능성을 추구할 뿐만 아니라 도시민의 삶의 질 또한 높이도록 설계되었다는 것이다.

2017년에 완공된 코펜힐은 아마게르의 오래된 기존 소각장 가까이에 자리한다. 코펜힐은 최첨단 현대 소각장으로 연간 40만t, 시간당 25~35t에 달하는 쓰레기를 태운다. 소각 과정에서 6만 가구가 쓸 수 있는 전기와 16만 가구가 쓸 수 있는 난방 에너지를 만들고, 전기와 난방 공급으로만 연간 3~4억 달러의 수익을 낸다. 기존 석탄 화력발전소에 비해서 이산화탄소 배출량은 연간 10만t이 적으며, 질소산화물의 배출량은 85%, 이산화황 배출량은 99.5%나 적다.[55] 코펜힐은 소각 과정에서 발생하는 연 10만t의 이산화탄소를 모아 탄산음료 제조, 식품 신선도 유지, 원예 광합성 속도 증가 등을 목적으로 여러 산업체에 판매한다. 그야말로 친환경 소각 기술의 집대성인 셈이다.

무엇보다 코펜힐은 시민을 위한 시설로서의 역할을 톡톡히 해낸다. 코펜힐 위 85m 높이의 경사진 옥상에는 인공 스키 슬로프, 등반로, 클라이밍을 위한 인공 암벽, 도시 전망대, 시민 쉼터가 모여 있다.[56] 외벽에 설치된 인공 암벽은 세계에서 가장 높다. 무엇보다 덴마크라는 나라 자체가 산지가 거의 없는 평야국가이다 보니, 코펜힐 위에서 바라보는 전망은 꽤나 이색적으로 다가올 수밖에 없다.

코펜힐은 시민을 위한 시설답게 주민의 의견을 수렴하기 위해 정기 간담회를 열고, 소각장 주변의 대기질·토양·수질 등을 정기적으로 점검하여 결과를 공개한다. 소각장이 주민 건강에 영향을 미쳤을 경우에는 의료비와

---

[55] 김상아 기자, "[폐기물 자원화 현장을 가다] 폐기물 발전소 '아마게르 바케' '휘게'를 외치다", 《울산매일신문》, 2019년 9월 24일자 기사 참조.

[56] 위키피디아 영문(검색어 'Amager Bakke')
https://en.wikipedia.org/wiki/Amager_Bakke

코펜힐의 경사진 옥상에는 인공 스키 슬로프, 등산로, 클라이밍을 위한 인공 암벽 등 시설이 모여 있다. ©Rasmus Hjortshoj - COAST

버려진 것들의 공간, 랜드마크가 되다

3장

[57] 생활지원금을 제공한다. 코펜힐의 투명하고 믿음직한 운영은 지역사회가 코펜힐에 보내는 신뢰와 지지의 단단한 기초가 된다. 그리고 코펜힐은 지역 주민을 위한 시설일 뿐만 아니라, 연간 4만 2천 명에서 5만 7천 명 사이의 관광객이 방문하는 유명 관광지이기도 하다. 독특하고 압도적인 외관뿐 아니라 운영 면에서도 모두, 전 세계 도시에서 롤모델로 삼을 만하다.

    코펜하겐은 세계 도시 중 가장 앞선 때인 2025년까지 탄소중립을 이루겠다고 선언했다. 화석연료 소비량보다 더 많은 재생에너지를 생산하는 것이 코펜하겐의 목표다. 코펜힐은 단순한 건축물이 아니라, 도시 공동체로서 코펜하겐의 목표인 지속가능성을 공간화한 사회적 산물인 셈이다.

57
오태동, "덴마크의 친환경소각장 코펜힐(CopenHill)을 다녀와서", 《제천단양뉴스》, 2024년 8월 2일자 기사 참조.

일본 무사시노 클린센터

쓰레기를 보면서 식사를 할 수 있는 소각장?

58
무사시노시 홈페이지 참조.
https://www.city.musashino.lg.jp.e.ad.hp.transer.com/shisetsu_annai/musashinoshi_kanren/kurashi_seiso_kankyo/1000385.html

쓰레기 벙커에 산처럼 쌓인 쓰레기를 한가득 집어 올리는 거대한 집게를 바라보며, 지역에서 난 재료로 만든 디저트 한 입과 칵테일 한 모금을 즐긴다. 상상만 해도 초현실적인, 영화에나 나올 법한 풍경이다. 하지만 이 영화 속 한 장면의 실제 주인공이 되어 볼 수 있는 소각장이 있다면 어떨까? 그곳은 바로 일본 도쿄의 서부, 무사시노시에 자리한 무사시노 클린센터이다.

무사시노 클린센터는 1984년부터 32년간 운영되었던 기존 소각장을 개수해 2017년부터 운영을 시작했다. 설계는 도시히로 미즈타니 건축사무소에서 맡았다. 이 소각장의 맞은편에는 무사시노 종합체육관이 자리하고, 그 옆으로는 무사시노 시청이 붙어 있다. 가까이에는 대학교와 공원도 있다. 도시의 한가운데에 있는 소각장인 셈이다. 도심에 자리한 만큼, 무사시노 클린센터는 도시와 공존하기 위한 조건들을 모두 갖추었다. 무사시노 클린센터는 매일 120t의 쓰레기를 소각하는데, 소각로에서 나오는 폐열로 보일러를 돌려 난방열과 전기를 만든다. 난방열은 무사시노 종합체육관 수영장의 물을 덥히는 데에도 쓰인다. 소각 과정에서 발생하는 먼지와 재는 집진기로 모아 재활용 공장으로 보낸다. 또, 1,000엔을 내면 지역 주민의 대형 쓰레기를 대신 접수해 주는 소소한 서비스도 제공한다. 지진이 많은 일본인 만큼, 당연히 내진 설계도 적용되어 있다.

테라코타 루버를 두른 소각장의 외관은 언뜻 보기에는 미술관 같다. 소각장 내부에는 쓰레기의 종류, 소각장의 기능, 소각로 작동 방식을 보여 주는 교육적 공간들이 마련되어 있다. 관람객들은 투어 프로그램을 통해 2층의 견학 코스를 무료로 체험할 수 있는데, 중앙제어실, 쓰레기 벙커, 소각로, 증기 터빈 발전기 등 평소엔 좀처럼 보기 어려운 소각장의 시설들을 직접 볼 수 있다.

무엇보다 무사시노 클린센터를 특별하게 만드는 것은 이 소각장에서 열리는 이벤트이다. 무사시노 클린센터는 쓰레기 처리 과정을 지켜보며 지역 특산물로 만든 음식과 칵테일을 즐길 수 있는 팝업 공간 '쓰레기 구덩이(Gomi Pit)'를 운영하기도 했다. 커다란 집게가 쓰레기를 집는 모습을 보며

59
Mitsutoshi YAMAMOTO, Fumio SATO, Takashi MIYASAKA, Koichi SATO, Masaaki EZAWA, and Yuki KOBAYASHI, "Delivery of Municipal Waste Treatment Plant for Musashino City – a Waste Incineration Plant with a Diverse Variety of Functions", *Ebara Engineering Review*, No.254, 2017. (https://www.ebara.co.jp/en/jihou/no/list/detail/254-9.html)

60
무사시노시 홈페이지 참조.
https://www.city.musashino.lg.jp.e.ad.hp.transer.com/shisetsu_annai/musashinoshi_kanren/kurashi_seiso_kankyo/1000385.html

테라코타 루버를 둘러 언뜻 미술관 같아 보이는 무사시노 클린센터의 외관. ⓒSinta, pixtastock.com

무사시노 클린센터에서 쓰레기 처리 과정을 지켜보며 지역 특산물로 만든 음식과 칵테일을 즐기는 방문객들.
출처: 무사시노 시의회 지구 트위터

3장 버려진 것들의 공간, 랜드마크가 되다

간단한 음식과 칵테일을 즐기는 사람들은, 우리가 먹고 버리는 모든 것이 결국 어떻게 처리되는지를 자연스럽게 깨닫게 된다. 소각 과정 자체가 보고 느낄 수 있는 작품이 되는 셈이다. 이처럼 무사시노 클린센터는 우리가 소각장에 대해 가지고 있는 선입견을 바꾸기 위해 끊임없이 고심하는 새로운 형태의 폐기의 공간이다.

일본 히로시마 나카 소각장

미술관으로서의 소각장

한 도시를 순식간에 잿더미로 만들 수 있을 만큼 무시무시한 위력의 핵무기는 실전에서 딱 2번 쓰였고, 히로시마는 그 첫 번째 사례였다. 오늘날 많은 이들이 그 참상과 교훈을 직접 느끼려 히로시마를 찾는다. 폭탄 투하로 철골 구조만 남은 원폭 돔이 히로시마의 아픈 과거를 떠올리게 한다면, 나카 소각장(中工場)은 히로시마가 나아가고자 하는 미래를 바라보게 한다. 여러분이 히로시마에 방문한다면, 원폭 돔에서 나카 소각장까지 걸어 히로시마라는 도시의 이야기를 들어 보는 것은 어떨까?

나카 소각장은 2004년 완공된 소각장으로, 소각장이 건설된 땅은 매립지가 있던 곳이다. 설계는 일본의 건축가 다니구치 요시오가 맡았는데, 건축가는 이 소각장을 가리켜 '쓰레기의 미술관'이라 했다. 쓰레기의 공간이 어떻게 미술관이 된다는 것일까?

나카 소각장에는 건물 전체를 가로지르는 커다란 복도 공간인 '에코리움(Ecorium)'이 있다. 에코리움의 방향은 단게 겐조가 1955년 설계한 '히로시마 평화기념공원'의 대로 방향과 같다. 원폭 돔과 히로시마 평화기념공원, 히로시마 평화기념관, 평화의 문, 나카 소각장의 에코리움을 잇는 커다란 선이 도시 전체를 가로지르는 것이다. 나카 소각장에 당도한 방문객들은 벽면이 유리 소재로 개방된 에코리움을 따라 소각 과정을 바라보며 걷는다. 쓰레기가 집어 올려지는 장면이 커다란 유리 너머로 펼쳐지고, 에코리움 곳곳에 심긴 작은 나무들은 묘한 감상을 불러일으킨다. 멀리 보이는 복도 끝의 빛을 따라가던 관람객들의 여정은 히로시마 만의 바다를 향한 외부 전망대에서 마무리된다. 원폭 돔에서 시작된 여정이 아득히 열린 바다에서 끝나는 것이다. 나카 소각장은 여러 건축적 방법들을 써서 방문객들에게 이제껏 본 적 없는 광경을 제공한다. 이 강렬한 광경 때문일까. 이 소각장은 하마구치 류스케 감독의 영화 〈드라이브 마이 카〉 속 한 장면의 배경이 되기도 했다.

히로시마시는 원폭 50주년인 1995년을 맞이해 시행한 '히로시마 2045: 평화와 창조성의 도시(Hiroshima 2045: City of Peace and Creativity)' 사업 중 하나로 이 소각장을 건설했다. 나카 소각장은 단순한

---

[61] https://tsumutake.com/japan-this-is-not-a-museum-hiroshima-incineration-plant/

[62] https://www.chushikokuandtokyo.org/spot_262/

[63] https://en.japantravel.com/hiroshima/hiroshima-naka-incineration-plant/772

소각장 전체를 가로지르는 '에코리움' 곳곳에는 폐기물과 대조되는 나무가 심겨있다. ⓒKenta Mabuchi, Wikimedia Commons

나가 소각장을 방문한 관람객들의 여정은 히로시마 만의 바다를 향한 전망대에서 마무리된다. ⓒTaisyo, Wikimedia Commons

108　　　　　버려진 것들의 공간, 랜드마크가 되다　　　　　3장

산업 시설이 아니라, 복합적이고 아픈 역사를 지닌 20세기에서 평화와 창조의 가치를 상징하는 21세기로 나아가겠다는 히로시마의 선언인 셈이다. 이 소각장에서 우리는 건축과 도시가 하나의 이야기가 될 수 있음을 실감하게 된다.

영국 리즈 재활용에너지 회수시설

온몸으로 재활용을 주장하는 차세대 시설

'키메라'는 고대 그리스 신화에 나오는 괴물로, 여러 동물의 모습을 한데 모은 듯한 존재이다. 영국 중부의 도시 리즈에 위치한 재활용에너지 회수시설(Recycling and Energy Recovery Facility, RERF)은 언뜻 키메라 같다. 둥글고 반투명한 지붕에, 한쪽에는 가느다란 굴뚝이 우뚝 솟아 있고, 벽면에는 식물이 자라고 있으며, 전면에는 목재 구조가 그대로 드러나 있다. 현대의 다원성을 온몸으로 보여 주는 듯한 이 시설이 차세대 자원회수시설이라니, 어떻게 보면 가장 현대적인 기능과 가장 현대적인 외관의 결합이라고 할 만하다.

2016년부터 운영을 시작한 이 시설은 프랑스 건축가 장-로베르 마조가 설계한 건물로, 폐기물 처리 과정의 한계를 보완하는 방식으로 운영된다. 기존의 소각장이 소각 가능한 쓰레기를 배출 장소로부터 직접 전달받아 태운다면, 이 시설은 매립지에서 쓰레기를 받아 태운다. 이미 매립지로 운송된 쓰레기를 다시 한 번 재활용하는 것이다. 첨단 설비를 이용해 받은 쓰레기 중 소각 가능한 쓰레기를 골라내는데, 받는 쓰레기의 양은 매년 21만 4천t, 골라낸 쓰레기는 17만 9천t에 달한다. 소각 가능한 쓰레기도 무분별하게 묻곤 하는 매립지의 단점을 보완해 주는 시설이다. 여기서 말하는 '소각 가능한 쓰레기'는 재활용이 어렵거나 오염된 종이, 복합재질 포장지, 플라스틱 필름 등과 같이 열에너지를 효율적으로 회수할 수 있는 폐기물들이다. 반면, 유리나 도자기, 콘크리트 조각, 오염된 금속류처럼 소각이 어렵거나 환경 위해 우려로 인해 태울 수 없는 폐기물은 최종적으로 매립된다. 소각 과정에서 나오는 폐열로는 2만 가구에 공급할 수 있는 양의 전력을 만든다. 이 시설의 수명은 25년으로 예상되는데, 생애주기 동안 4백만t의 쓰레기를 소각하고, 20억 파운드에 달하는 경제 효과를 낼 것으로 예상된다.

이제 이 건축물의 키메라 같은 외관을 하나씩 뜯어 보자. 이 건축물의 주요 구조는 모두 목재로 이루어져 있는데, 목재 구조물로는 유럽에서 가장 큰 규모이다. 또한 1,800㎡에 달하는 남쪽 파사드는 식물로 뒤덮여 있고, 건축물의 둥근 지붕은 빗물을 모아 벽면에 공급하는 장치를 갖추고 있다.

리즈 재활용에너지 회수시설은 유럽에서 가장 큰 규모의 목재 구조물로, 남쪽 파사드는 식물로 뒤덮여 있고, 반투명한 재질의 둥근 지붕으로 자연광을 들여 채광과 실내 환경을 제공한다. ©Clare Louise Jackson, shutterstock.com

사람들의 관리 없이도 자생적으로 유지되는 살아 있는 자연 벽체인 셈이다. 반투명한 재질로 이루어진 둥근 지붕은 소각장 안으로 자연광을 들여 산업시설임에도 불구하고 밝고 쾌적한 실내 환경을 제공한다. 하나하나의 요소가 모두 의미 있는 역할을 가지고 있다. 효율적일 뿐만 아니라, 그 효율성을 온몸으로 표현하는 뛰어난 건축물이다. 그래서일까. 이 건축물은 2015년 '구조용 목재 어워드(Structural Timber Awards)'에서 '올해의 프로젝트' 부문 수상을 했다. 재활용에너지 회수시설은 방문객을 위한 센터와 갤러리 또한 갖추고 있으니, 리즈를 찾는 여행객들이라면 이 건축물도 직접 방문해 보면 어떨까.

프랑스 이시레물리노 이세안 소각장

센강변에 수줍게 숨은 비밀 소각장

영화 〈해리 포터와 마법사의 돌〉을 보면, 기차역의 벽돌 기둥인 줄 알았던 곳으로 들어갔는데 호그와트 급행열차의 정류장이 나오는 멋진 장면이 있다. 어떤 건물로 우연히 들어갔을 때, 그 건물이 겉보기와는 전혀 다른 용도로 사용되는 모습을 마주한다면 어떨까? 더구나 그 용도가 도시 안에서는 좀처럼 보기 어려운 소각장이라면 어떨까?

이세안 소각장이 바로 그런 건물이다. 이세안 소각장은 프랑스의 최신 소각장이며, 그 설계는 이시레물리노의 건축 설계사무소인 뒤보스크&랜도스키가 맡았다. 이세안 소각장은 1년에 2만 3천t의 쓰레기를 골라내고, 51만t을 태울 수 있는 커다란 소각장이다. 소각 과정에서 나오는 증기 중 일부를 써서 에너지를 만들고 그 일부를 난방회사에 판매한다. 판매된 에너지는 인근의 약 7만 9천 가구의 난방에 쓰인다. 태우고 남은 재는 쓰레기 1t당 160kg 정도인데, 이는 집하장으로 옮겨진 후 센강에 정박한 선박에 실려 관련 업체로 운송된다. 이 재는 도로 공사를 위한 기초 재료 등으로 쓰인다. 건물 전체가 하나의 커다란 자원순환시설인 셈이다.

이세안 소각장은 파리 외곽의 한 구역인 이시레물리노에 자리하고 있는데, 센강을 따라 서쪽으로 걷다 보면 쉽게 만날 수 있다. 소각장 근처에서 파리의 랜드마크인 에펠탑도 볼 수 있을 만큼 명실상부 파리 도심부에 자리한 소각장이다. 어떻게 이 정도 규모의 소각장이 파리라는 대도시와 공존하고 있는 것일까?

먼저, 투명한 운영과 꼼꼼한 설계에서 그 실마리를 찾을 수 있다. 이세안 소각장은 지역 주민들의 신뢰를 얻고 도시와 공존하기 위해, 연기의 성분과 안전성을 30분마다 측정하고 투명하게 공개한다. 또 이세안 소각장은 거리에서 언뜻 보아서는 이 건물이 소각장이라는 사실을 쉽게 알아차릴 수 없도록 설계되었다. 소각장은 보통 굴뚝을 가지고 있어 멀리서부터 눈에 띄는 경우가 많지만, 이세안 소각장은 굴뚝조차 보이지 않는다. 이세안 소각장의 굴뚝은 지하 30m부터 시작되어 거리에서는 보이지 않게 만들어졌기 때문이다. 또한 굴뚝에 처리시설이 추가로 설치되어 연기조차 보이지 않는다.

64
유진주 기자, "연기 없는 소각장…프랑스 '이쎄안(Isseane)' 소각장에 가다", 〈경인일보〉, 2024년 2월 28일자 기사 참조.

65
"[르포] 연기 없는 소각장 프랑스 '이쎄안'…친환경 모델", 〈한국경제〉, 2024년 2월 28일자 기사 참조.

66
황남건 기자, "佛 이쎄안 소각장, 연기 성분 투명 공개 '불신 극복'… 인천시장, 노하우 확인", 〈경기일보〉, 2024년 2월 28일자 기사.

프랑스 이시레물리노 이쎄안 소각장

지하 30m부터 시작되는 이세한 소각장이 골목을 거리에서는 보이지 않아 이웃이 소각장이라는 사실을 쉽게 알아차리기 어렵다. ⓒ Guy Courtois, Wikimedia Commons

소각장의 외관 역시 산업시설이라기보다는 커다란 오피스 혹은 관공서 건물을 닮았다. 따뜻한 톤으로 외관을 감싸 도로의 가로수와도 잘 어울린다. 심지어는 지역 주민들조차 이 시설이 소각장이라는 사실을 잘 모를 정도다. 지역을 위한 철저한 배려와 진솔함, 그리고 세심함이 파리와 공존하는 이세안 소각장의 비결인 셈이다.

건축가라면 지역 사회의 님비 현상을 탓하기보다는, 이세안 소각장과 같은 건축물의 설계에서 무언가 배워야 하지 않을까?

67
https://www.zerowastefrance.org/en/isseane-incineration-plant/

미국 뉴욕
프레시킬스 공원

뉴욕의 역사를 고스란히 간직한 공원

미국 뉴욕시 맨해튼의 남부, 스태튼섬의 한가운데에, 오늘날에도 계속해서 조성 공사가 진행 중인 커다란 규모의 공원이 있다. 스태튼섬 내부로 꺾여 들어오는 프레시킬스강을 주변으로 자리한 공원은 언뜻 보기에는 조용하고 평화롭다. 우거진 숲은 도시에서 쉽게 누릴 수 없는 편안함을 제공하고, 공원 너머로 보이는 맨해튼 도심의 스카이라인은 마치 신기루 같다. 하지만 스태튼섬과 프레시킬스 공원의 역사를 살펴본다면, 아름답게 보이지만은 않을 수 있다. 이 공원에는 뉴욕의 잔혹사가 새겨져 있기 때문이다.

대규모 국립 공원인 프레시킬스 공원은 19세기 이후 뉴욕시에 건설된 공원 중 가장 큰 규모를 기록할 예정인데, 그 면적이 무려 센트럴파크의 3배에 달한다. 공원의 조성은 2008년에 처음 시작되었고, 2035년에서 2037년 사이에 완공될 예정이니 상당히 장기적인 프로젝트이다.[68] 설계는 뉴욕의 고가 철도공원인 '하이라인'의 설계를 담당했던 미국의 조경가 제임스 코너가 맡았다.

이 어마어마한 규모의 공원이 20세기 중반까지 세계에서 가장 큰 매립지였다는 사실은 선뜻 믿기 어렵다. 프레시킬스 공원의 부지는 본래 프레시킬스 매립지였다. 프레시킬스 매립지는 뉴욕시에서 발생하는 막대한 양의 쓰레기를 묻기 위해 1948년부터 사용되었다. 이 매립지는 이후 50년 넘게 뉴욕시의 쓰레기를 감당해야 했다. 평평했던 습지는 높이 70m의 쓰레기 산맥으로 변했다.[69] 그러나 20세기 후반에 들어 환경적인 이유로 인해 프레시킬스 매립지를 폐쇄해야 한다는 지역사회의 여론이 강해졌다. 결국 2001년, 프레시킬스 매립지는 운영을 마치고 문을 닫았다.

프레시킬스 매립지의 역사는 여기에서 끝나지 않는다. 프레시킬스 매립지가 문을 닫은 지 얼마 지나지 않아 9·11 테러가 발생했기 때문이다. 테러로 세계무역센터가 붕괴됐고, 그 잔해에 많은 사람들이 깔렸다. 뉴욕시는 현장의 수습을 위해 우선 잔해들을 통째로 프레시킬스 매립지로 옮겼고, 이곳에서 시신과 잔해를 분류하는 일을 진행했다. 프레시킬스 공원 한편에는 희생자들을 추모하기 위한 비석이 마련되어 있다. 오늘날의 평화롭고 아름

---

[68] https://en.wikipedia.org/wiki/Freshkills_Park

[69] 배정한, "프레시킬스, 쓰레기 매립지의 재야생화", 《한겨레》, 2024년 10월 6일자 기사 참조.

미국 뉴욕 프레시킬스 공원

1973년 5월. 쓰레기 수거차가 프레시킬스 매립지로 향하는 쓰레기 더미를 운반하는 중이다. ©Chester Higgins, Jr., U.S. National Archives and Records Administration, U.S. Environmental Protection Agency (EPA)

프레시킬스 공원의 계획도.
©Freshkills Park

120　　　　　**버려진 것들의 공간, 랜드마크가 되다**　　　　　**3장**

다운 모습과는 달리, 20세기 중반부터 이어진 뉴욕의 비극적인 역사가 고스란히 새겨진 장소인 것이다.

오늘날 프레시킬스 공원은 뉴욕시를 대표하는 아름다운 공원으로, 점차 면적을 넓혀 가고 있다. 프레시킬스 공원은 산책, 승마, 카누와 카약 등을 위한 시설을 갖추었고, 가끔 열릴 대형 이벤트를 위한 장소도 함께 마련했다. 매립지일 때 발생했던 오염도 점차 정화되고 있다. 2011년에는 야생동물 200종이 이곳으로 다시 돌아온 것으로 확인되었다. 프레시킬스 공원은 비극을 안고 있으면서도 내일을 향해 나아가는, 뉴욕이라는 도시를 상징하는 공간이다.

70
https://en.wikipedia.org/wiki/Fresh_Kills_Landfill

서울 하늘공원과 노을공원

눈물과 환희의 섬, 난지도

서울시 마포구 상암동에 위치한 하늘공원에 올라 보면, 사람들이 제각각 누리는 행복한 일상을 볼 수 있다. 강아지를 산책시키는 사람, 텐트를 치고 삼겹살을 구워 먹는 대학생들, 공공미술작품을 관람하는 관람객들, 이들 모두가 서울에서 경험하기 힘든 높이의 땅 위에 복작복작 모여 있다. 어떻게 해서 이 정도의 '높이'를 가진 공원이 생겨났을까? 공원에서 이따금 보이는 매립가스 포집정과 긴 파이프를 눈여겨본다면, 평화로운 공원 뒤 아픈 이야기를 읽어 낼 수 있을 테다. 다른 공원들과는 명백하게 다른 형태를 가진 하늘공원과 노을공원, 이번에는 이 두 공원에 관해 살펴보자.

이곳은 원래 '난지도(蘭芝島)'라는 이름의 작은 섬이었다. 난초와 지초가 많아 붙여진 이름으로, 조선 시대에는 꽃섬이나 오리섬이라고도 불렸다. 이름만 보아도 얼마나 아름다운 섬이었을지 짐작할 수 있다. 이 섬의 운명이 바뀐 것은 1970년대부터였다. 그때만 해도 서울에는 지정된 쓰레기 처리장이 없어서, 1970년대까지는 서울 곳곳에 소규모 분산형 매립지를 두고 사용했다. 그러나 서울의 인구는 가파르게 증가했고, 곧 새 매립지가 필요하게 되었다. 1977년 서울시는 난지 제방 축조 공사를 진행해 난지도 인근에 다리와 포장도로를 조성했다. 작고 조용한 섬이었던 난지도가 서울의 새 매립지가 되는 순간이었다.

난지도는 1978년부터 15년간 매립지였다. 쓰레기를 쌓고 그 위에 흙을 덮는 '위생매립'이 아니라, 단순히 쓰레기를 쌓아 두기만 하는 '비위생 단순매립'으로 진행되어 삽시간에 쓰레기 산이 쌓였다. 그 너비만 272만㎡(82만 평)였고, 높이는 98m에 달했다. 흙을 덮지 않아 먼지, 악취, 파리가 들끓었다. 뿐만 아니라, 매립가스 때문에 운영 기간 동안 무려 1,390회의 화재가 발생할 정도로 위험한 곳이었다. 이런 환경 속에서도 950세대, 약 3,000명의 폐품수집원이 생계를 위해 난지도에서 생활했다.

높게 쌓인 쓰레기의 붕괴 위험이 점차 커지자 서울시는 1991년부터 5년간 안정화 계획을 수립했다. 침출수를 처리하고, 쓰레기에 흙을 덮고, 매립가스를 빼내고, 경사면을 안전하게 바꾸는 계획이었다. 1996년부터는 안

[71] https://rrf.seoul.go.kr/content/acwad144.do

1977년, 난지도 제방 축조 공사에 참여하는 인부들의 모습. 이후 난지도는 쓰레기 매립장으로 지정되어 1993년 2월까지 사용되었다. 출처: 서울역사박물관

정화 공사가 시작되었다. 그런데 1998년, 서울 월드컵경기장이 난지도 근처로 계획되자 난지도를 공원으로 만들겠다는 계획이 빠르게 발표되었다. 그리고 2000년부터 2년간 난지도와 그 인근에 하늘공원, 노을공원, 평화의공원, 난지천공원, 난지한강공원이 조성되었다.

하늘공원과 노을공원에는 매립가스 포집을 위한 포집정 106공이 설치되어 있다. 포집정을 통해 모은 가스는 보일러 연료로 사용될 수 있는데, 인근의 공공시설, 아파트, 오피스에 난방을 제공하는 데 쓰인다. 이는 연간 7억 원 상당의 경제 효과를 낸다. 이처럼 대형 매립지를 도시의 공원으로 바꾸어 낸 사례는 세계적으로도 드물다. 2010년, 이 공원들은 과거 쓰레기 매립지에서 생태공원으로 성공적으로 전환해 낸 점을 높게 평가받아 '유엔 해비타트 특별상'을 수상했다.

앞서 말했듯, 이 장소는 내게도 각별한 기억으로 남아 있다. 2024년, 난지도 노을공원에 설치될 아트 파빌리온을 제안하는 국제공모전에 지명되어 참여한 적이 있다. 그때 우리의 프로젝트는 난지도가 형성된 역사를 단면적으로 분석하는 것에서 시작하였다. 우리는 난지도라는 장소의 수직적 단면—즉, 과거의 쓰레기 층, 현재의 그린 레이어, 미래를 표현하는 파빌리온—을 시각적으로 드러내기 위해, 과거와 현재를 경계 짓는 표면을 열고 재구성하는 아트 파빌리온 '표면의 재구성'을 제안했다.

그린 레이어를 들어 올리듯 가볍게 솟은 구조는 그 자체로 오브제이자 쉼터가 되고, 동시에 시간이 겹겹이 쌓인 장소에 대한 질문을 던지는 장치가 된다. 2개의 표면은 3개의 시점을 만들어 낸다. 현재의 표면을 지나 과거로, 그리고 다시 미래로. 나는 구조체를 통해 이 흐름을 연결하고자 했다. 이 파빌리온은 친환경 소재와 최소한의 지면 접촉으로 구성되었다. 장식을 지양한 목재 구조를 통해 자립성을 드러내고자 했으며, 식물로 감싼 외피를 통해 서울과 노을공원의 풍경을 상징적으로 표현하려 했다. 시간이 지날수록 구조물 위를 더 넓게 감싸는 덩굴은 그 자체로 자연의 생명력과 공생을 시각화하는 풍경이 된다. 빛과 바람, 비와 수목의 그림자, 곤충과 새가 드나드는

한때 대형 매립지였다가 이제는 공원으로 재탄생한 '난지도'. '난지도'라는 장소의 수직적 단면들을 시각적으로 표현한 하이드 파빌리온 표면의 재구성이 조감도. ©김이홍 아키텍츠

느슨한 구조. 자연과 건축이 분리되지 않고, 서로 스며드는 공간. 도시와 시민이 함께 만들어 낸 현재, 그리고 자연과의 공생을 향한 지속 가능한 미래. 그것이 '표면의 재구성'이 구현하고자 했던 가치였다.

눈물의 섬에서 환희의 섬으로 바뀐 난지도. 아무도 찾지 않으려 했던 쓰레기섬을 이제는 수많은 사람들이 찾고 있다. 뿐만 아니라 복원된 난지도의 생태계 안에서 다양한 생명체들이 거주한다. 회복되는 중인 모든 매립지에는 색색의 단면, 레이어가 존재한다. 공원을 걸으며 그 아래 묻힌 난지도의 아픈 역사와 교훈을 한 번쯤 되새겨 보는 것은 어떨까.

부천아트벙커B39   오롯한 예술의
                  공간이 된 소각장

커다란 굴뚝, 요철이 있는 철재 마감, 네모반듯한 상자 같은 건물들, 조그마한 창…. 어디를 보아도 영락없는 공장이다. 그런데 입구 회랑에는 전시회를 알리는 커다란 포스터가 붙어 있고, 아이들이 삼삼오오 부모의 손을 잡고 웃으며 그 안으로 들어간다. 부천시 삼정동의 한가운데에서 볼 수 있는 이 기이한 풍경은, 이 '공장'이 실은 놀랍게도 '미술관'이라는 사실을 알아야만 이해할 수 있다. 이 시설은 부천아트벙커B39라는 이름의 복합문화예술공간이다.

이 공간은 원래 '삼정동 소각장'이라는 이름의 소각장이었다. 1990년대 초반 건설된 부천 신도시를 위해 만들어진 삼정동 소각장은 1995년 완공되어 가동을 시작했다. 소각장은 부천시에서 나오는 쓰레기를 하루 200t씩 소각했다. 그러던 중 1997년에 소각장의 다이옥신 농도를 조사한 결과, 허용 기준치의 20배가 넘는 다이옥신이 검출되었다. 이후 소각장은 6개월간 가동을 중단하고 유해물질 제거를 위한 집진 설비, 암모니아 저장실, 공기압축실을 신설했다. 그런데 2000년에 완공된 대장동 자원순환센터로 소각 기능이 흡수되면서, 삼정동 소각장은 용도를 잃고 유휴 상태로 남겨졌다.[72]

2014년, 문화체육관광부에서 공모한 '폐산업시설 문화재생 사업'에 선정되며, 삼정동 소각장의 리노베이션이 추진되었다. 3년간 공모와 설계, 공사를 거친 끝에 삼정동 소각장은 문화예술을 위한 공간으로 재탄생했다. 설계를 맡은 건축가 김광수는 선형적인 소각 동선을 활용한 보행 동선을 만들어 쓰레기 반입실, 벙커, 소각로, 유인 송풍실, 그리고 굴뚝까지 차례로 관람할 수 있도록 계획했다.[73] 부천아트벙커B39는 전시를 위한 갤러리는 물론, 소각로를 들어내고 골조만 남긴 중정, 쓰레기차 반입실을 활용한 다목적 홀, 소각장 설비들을 남겨 둔 존치시설, 카페와 야외 공원 등을 갖추었다. 특히 소각장 내부로 들어가면 마주할 수 있는 39m 높이의 쓰레기 벙커는 관람객을 단숨에 압도하는 공간이다. 칙칙한 콘크리트와 존치된 기계 설비의 으스스한 조화가 소각장으로 사용되던 당시를 떠올리게끔 한다.

부천아트벙커B39의 공간들은 인더스트리얼 감성을 필요로 하는 각종 영화, 뮤직비디오, 광고, 화보의 촬영 로케이션으로 활용되기도 한다.

72
https://artbunkerb39.org/ko/sub/sub01.html
73
https://vmspace.com/project/project_view.html?base_seq=MjQz

소각장 내부로 들어가면 마주할 수 있는 39m 높이의 쓰레기 벙커는 부천아트벙커B39를 대표하는 공간으로, 관람객들에게 강렬한 인상을 남긴다. ©김용관

버려진 것들의 공간, 랜드마크가 되다

칸영화제 감독상을 수상한 박찬욱 감독의 영화 〈헤어질 결심〉의 장면 일부도 이곳에서 촬영되었다.

부천아트벙커B39는 일반 방문객을 위한 프로그램뿐만 아니라, 지역 주민과 아티스트들을 위한 여러 프로그램도 진행하고 있다. 예를 들어 2층의 '위클리 스튜디오'에서는 주민들을 위한 각종 스터디 그룹, 워크숍 등의 학습 프로그램이 진행된다. 부천아트벙커B39는 이곳을 찾는 방문객들에게는 독특한 공간적 경험을, 이곳을 곁에 두고 살아가는 시민들에게는 일상 속 색다른 변화를 제공하는 훌륭한 문화시설로 자리하고 있다.

부천아트벙커B39는 건축적인 우수성을 인정받아, 2018년에는 대한민국 공공건축상 대상과 건축평단 작품상을, 2019년에는 한국건축역사학회 1회 작품상을 수상했다. 아쉽게도 예산의 문제로 인해 아직 공사가 덜 된 부분들이 있는데, 앞으로도 차근차근 사업이 진행되어 온전히 완성된 공간으로 방문객을 맞이하는 날이 오기를 바란다.

대구수목원

지역의 자랑이 된 골칫덩어리

한국 최초의 공립수목원, 매년 170만 명이 방문하는 대구의 대표 공원, '나무 병원'의 중심지, 제2수목원이 계획될 정도로 인기 있는 수목원. 모두 대구수목원을 가리키는 말이다. 그런데 시간여행 SF 드라마 〈닥터 후〉에서처럼 1990년을 살아가는 한 대구 시민이 타임머신을 타고 이 수목원을 찾았다고 상상해 보자. 아마 그 시민은 이 공원을 보며 놀라 벌어진 입을 다물지 못할 것이다. 그도 그럴 것이, 이 수목원은 1990년까지만 해도 악취가 들끓는 매립지였기 때문이다. 커다란 매립지가 공원으로 탈바꿈하는 것도 놀라운 일인데, 수목원으로 바뀐 것은 얼마나 더 놀라운 일인가?

대구 비슬산 북쪽에 자리한 대구수목원은 원래 대구의 생활쓰레기가 묻힌 매립지였다. 1986년부터 4년 동안 버려진 생활쓰레기 410만t이 18m 높이까지 쌓였다. 사용을 마친 매립지의 용도를 고민하던 대구시는 1996년부터 2년 동안 대구 지하철 건설 현장 등 각종 공사장에서 발생하는 잔여 흙을 가져와 쓰레기 위를 6~7m 높이로 덮었고, 그 위에 조경토를 2~3m 높이로 덮었다. 그 후 5년 동안 수목원을 위한 여러 제반 시설을 조성했다.[74] 매립가스 포집관 26개를 묻어 땅속에서 생기는 매립가스를 빼내었고, 침출수는 서부 하수처리장으로 흘러갈 수 있도록 계획했다. 마침내 완공된 대구수목원은 2002년에 그 문을 활짝 열었다.

대구수목원의 면적은 24만㎡에 달하는데, 이는 기존 매립지의 면적을 짐작할 수 있게 한다. 지금은 침엽수원, 활엽수원, 화목원 등 21개의 원과 400여 종 6만 그루의 나무, 1,100개의 화단, 800여 종 13만 포기의 화초류가 수목원을 채웠다. 그 밖에도 분재, 선인장, 수석이 수목원 곳곳에 배치되었다. 25개의 테마 공원은 물론, 5km 길이의 산책로가 조성되어 있어 날씨가 좋을 때면 시간 가는 줄 모르고 산책할 수 있다.

대구수목원은 방문객을 위한 여러 프로그램을 운영하고 있다. 식물 및 생태 교양강좌, 어린이 여름자연학교 등 일반 시민들을 위한 프로그램뿐만 아니라, 조경수목 관리요령 교육 등 전문가들을 위한 프로그램도 주기적으로 연다. 또한 상설 전시와 함께 주제별 식물 관련 기획 전시도 열어, 자연

---

[74] 장보영, "쓰레기 매립장에서 친환경적 생태공간으로: 대구수목원", 2022년 10월, 대한민국 구석구석 홈페이지. https://korean.visitkorea.or.kr/detail/rem_detail.do?cotid=62724e18-4dff-4400-b2e1-f07a5bfee991

현재의 대구수목원은 대구의 생활 쓰레기 410만t이 18m 높이까지 쌓여 있던 매립지를 수목원으로 탈바꿈한 사례다. 출처: 대구시 달성구

과 예술을 함께 즐길 수 있도록 돕는다. 수목원 안에는 '대구공립나무병원'이 있어 대구 지역 나무들의 건강 관리, 산림 병해충에 대한 방제, 소나무재선충병 진단 등 다양한 활동을 한다. 대구 지역의 자연환경 관리를 책임지는 중심지인 셈이다. 특히나 대구수목원은 깽깽이풀, 미선나무, 자생진달래 등 희귀 식물 100여 종을 체계적으로 관리하여 멸종 위기 식물을 보전하는 중요한 생물 다양성 기지 역할을 수행하고 있다. 또한 대구 약령시의 역사를 상징화한 '약용식물원'도 별도 있어 주변에서 흔히 볼 수 있는 식물들의 약재로서의 가치도 재발견할 수 있는 기회를 제공한다. 대구수목원은 국내에서 첫 번째로 산림청에 등록된 공립수목원이자, 환경부 자연생태복원 우수사례기관으로 2회나 선정되었을 만큼 그 우수성과 높은 가치를 인정받은 수목원이다. 2027년에는 제2수목원이 개원할 예정이다. 지역의 골칫덩어리였던 매립지가, 시민 모두가 자랑스러워하는 아름다운 공간으로 탈바꿈한 것이다.

리사이클링을 위한
새로운 공간의 탄생기,
아이엠팩토리

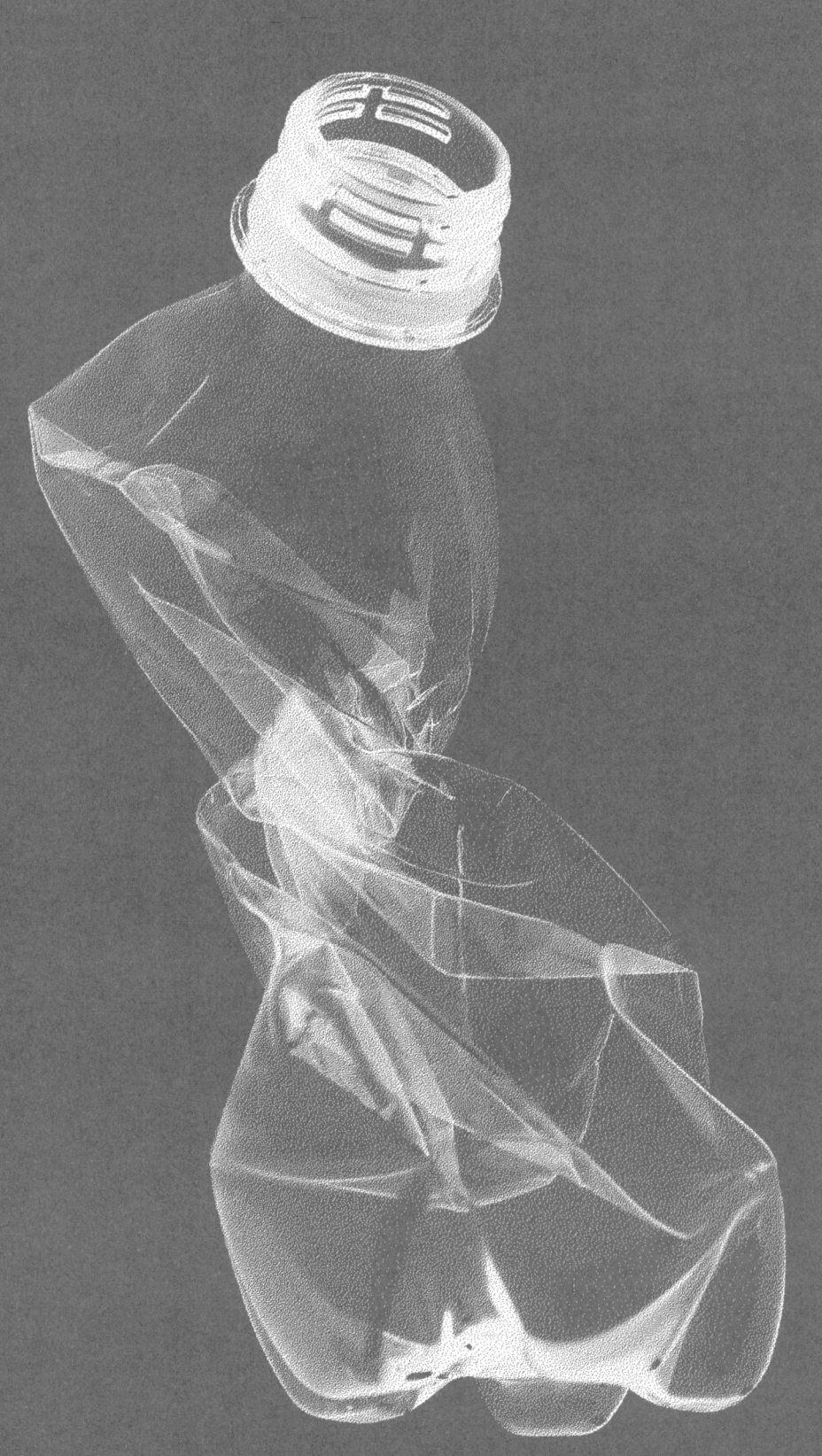

자본주의
사회에서 대다수
물건의 생은
'생산-소비-폐기'의
선형 위에 놓인다.
설사 그것이 재활용
가능한 제품이라 할지라도,
사용자들의 입장에서는 그저
재활용품 수거장에 '폐기'하는
모양새로 끝맺고 만다. 쓰레기가
폐기되고 재활용되는 종착지에서,
사용자와 다시 만날 수는 없는 것일까?
쓰레기가 도시 밖으로, 지하로, 더 안
보이는 곳으로 숨어 버릴수록 도시의 삶은
'소비'와 '폐기'라는 행위만 남게 된다.
그저 보이지 않는 곳에
잘 '내다 버리면' 그만인 것이다.
이런 사회적 분위기 속에서 재활용품
선별장, 재활용 소재 가공 공장들은
인적이 드문 교외에서 문을 굳게 걸어 잠근
채 운영되곤 한다. 도시의 위생과 편리, 효율에
기여하는 필수적인 공간임에도 그저 숨어
버린다. 이번 장에서는 이러한 관행을
깨고 'factory'라는 본연의 정체성을
전면에 드러내며 과감히 공간을 개방한
새로운 폐기의 공간, '아이엠팩토리'를
소개하려 한다. 이 공간은 내가 몸담고
있는 사무소에서 진행한 첫 번째 공장
건축 프로젝트이기도 하다.

AI 자원회수 로봇이 바꿔 낸
폐기의 경로와 일상

운이 좋게도 나는 10대 시절 1년, 대학 시절 1년, 그리고 대학원과 직장 생활의 일부를 미국에서 보낼 수 있었다. 미국과 한국, 두 문화를 오가며 다양한 차이를 경험했고, '폐기'의 일상에서도 그 차이는 분명하게 느껴졌다. 한국의 꼬마아이들이 집 창고나 베란다에 쌓인 공병을 슈퍼마켓에 가져가 용돈을 벌 듯, 미국의 아이들도 공병을 나르며 비슷한 방식으로 소소한 수입을 올렸다. 내가 미국에서 머물던 1993년, 한국은 아직도 직원이 직접 공병을 수거하던 시절이었다. 반면 미국에서는 슈퍼마켓 입구에 설치된 '공병 자판기'가 그 역할을 대신했다. 매주 금요일, 부모님과 함께 장을 보러 갔던 슈퍼마켓의 입구에서 자판기에 병을 하나씩 넣으며 받았던 5센트가 어린 나에게는 작지만 신선한 재미였고, 지금도 30년 전의 그 감각이 생생하게 기억난다.

미국에서 대학원을 마치고 한국으로 돌아온 2009년에는 분리배출제가 정착되어 있었다. 하지만 '용돈벌이'라는 분명한 동기가 사라지니, 분리수거는 그저 해치워야 할 귀찮은 일, '필요없는 무언갈 버리는 행위'에 다름없는 일이 되어 있었다. 페트와 일반플라스틱의 차이는 무엇인지, 이렇게 버린 것들이 다 재활용되기는 하는 것인지 알 수 없었다. 분리배출할 수 있는 정해진 날짜를 넘기면 내다 버릴 수 없었고, 그러면 한 주 동안 재활용품이 가득 쌓인 베란다를 보며 불편을 감수해야 했다. 환경 문제에 대한 인식이 생겨난 후로도, 분리수거에 대한 양가적 감정은 계속됐다. '환경을 위해서라면 조금 불편하더라도 신경 써야지' 하는 마음과 '대체 이 불편한 걸 언제까지 일일이 해야 하지?'라는 물음 사이를 오가던 어느 날, 자원회수 스타트업 '수퍼빈(SuperBin)'과 클라이언트-건축가의 관계로 만났다.

처음엔 공장 건축 프로젝트 경험이 전무한 우리 건축사사무소와 일을 하고 싶다는 것이 잘 이해가 가지 않기도 했다. 공장 건축 쪽으로 이미 경험이 많은 큰 사무소들도 있을 텐데, 왜 우리를 선택했을까? 하지만 우리의 클라이언트와 만나고 나서야, 이들이 그리는 공장의 상이 일반적인 공장, 일반적인 폐기의 공간이 아니구나를 직감할 수 있었다.

기존의 쓰레기 관련 공간을 현대화하는 것을 넘어, 쓰레기를 다루는 방식을 근본적으로 바꾸는 공간도 가능할까? 오늘날의 쓰레기들은 그 구성 요소, 화학적·기술적 복합성, 기대 수명 등에서 과거의 쓰레기들과는 다르기 때문에, 이러한 현대의 쓰레기들을 위한 새로운 공간을 제시할 필요가 있다. 이런 측면에서 '아이엠팩토리'는 페트병과 알루미늄캔 등 순환 가능한 쓰레기를 다루는, 전에 없던 공간을 표방한다.

클라이언트인 수퍼빈은 "쓰레기가 돈이 되고 재활용이 문화가 되는 세상을 만듭니다" 라는 슬로건 아래, 쓰레기가 다시 소재로 활용될 수 있도록 수집 시스템과 물류 인프라를 재설계하여 새로운 방식의 순환경제(Circular Economy)를 만들고자 하는 스타트업이다. 순환경제는 선형경제(Linear Economy)의 반대말이다. 선형경제가 생산, 소비, 폐기의 순으로 이루어진다면, 순환경제는 폐기를 다시 생산으로 연결한다. 순환경제에서 핵심은 재활용이 가능한 쓰레기를 정확하게 선별하는 것과 이를 고부가가치 자원으로 재활용하는 것이다.

수퍼빈은 순환자원을 수거한 다음 재활용 원료로 사용할 수 있도록 소재화 공장에서 처리하고, 그 결과 만들어진 고품질 플레이크를 판매하거나 추가 처리를 거쳐 펠릿을 생산한다. 여기서 말하는 플레이크는 폐페트병을 세척, 분쇄하여 만든 작은 조각 형태의 원료를 말하며, 펠릿은 이 플레이크를 녹여 압출 성형한 플라스틱 알갱이를 뜻한다. 수거 방식은 크게 인공지능(AI) 로봇 회수와 대면 회수로 나눌 수 있다. 먼저 수퍼빈은 자체적으로 만든 인공지능 순환자원 회수 로봇인 '네프론'을 통해 전국에서 순환자원(페트나 캔)을 수집한다. 쓰레기를 수거하는 인공지능 로봇이라니, SF 영화에나 나올 법한 이야기다. 다만 네프론은 영화 〈아이, 로봇〉에 나오는 휴머노이드 로봇이 아니라, 인공지능이 탑재된 수거기에 가깝다. 사람이 페트나 캔을 네프론에 투입하면, 네프론은 이를 인식해 투입된 것이 투명 페트인지, 라벨이나 뚜껑이 있지는 않은지 등을 확인한다. 순환자원으로 판단되면 투입한 사람에게 개당 10원의 보상을 제공한다. 반면 재활용이 불가능한 제품은 수거를 거절한다. 정보와 경험이 쌓일수록 네프론은 더욱 똑똑해진다. 다른 한편, 대면 회수는 순환자원이 다량 배출된 거점으로 수퍼빈 담당자가 직접 방문하여 회수하는 전통적인 방식이다. 이 2가지 방식을 통해 수퍼빈은 2023년 한 해 약 1억 6천만 개의 페트병과 1억 2천만 개의 알루미늄캔을 수거했다.

    수거된 알루미늄캔은 타 재활용 업체에 판매되며, 수거된 페트병은 화성시의 '아이엠팩토리'로 운반된다. 아이엠팩토리에 도착한 페트병들은 여러 처리 과정을 거쳐 고품질 플레이크로 재탄생한다. 수퍼빈의 연간 플레이크 생산량은 8,000t에 달한다. 플레이크는 식음료 플라스틱병과 의류, 필름, 시트 제작 등에 쓰인다. 혹은 순창군에 소재한 또 다른 아이엠팩토리로 이동되어 처리 과정을 거친 후 재활용 펠릿이 될 수도 있다. 펠릿은 원래 석유에서 뽑아내는 자원인데, 페트병을 재활용하여 만들 수도 있는 것이다. 펠릿은 플레이크에 비해 가공이 훨씬 편하고 수출도 가능한 소재이기에 각광받고 있다. 길거리에 굴러다니는 흔한 페트병들이 어쩐지 다르게 보이는 것 같다. 페트병은 펠릿, 혹은 또 다른 제품들로 재탄생할 수 있는 '원석'인 셈이다.

폐플라스틱을 가공하여 만든 플레이크들이 단정한 모습으로 마대에 담겨 반출을 기다리고 있다. ⓒ수퍼빈

공장 부지의 척박한 콘텍스트에서
수많은 힌트를 찾아내기까지

건축 프로젝트에서 중요한 요소 중 하나는 바로 부지, 그리고 그 부지를 둘러싼 지역적 콘텍스트다. 예컨대, 기후와 지형, 주변 건축물의 형태와 재료, 지역 주민의 생활 방식과 문화, 지역의 역사와 장소성, 도시 계획, 법규, 사회적 이슈 등 그 모든 것이 중요하단 의미다. 건축은 단순한 구조물이 아니라, 사람과 장소 사이의 관계를 만드는 매개체이기 때문이다. 그렇기에 기본을 갖춘 건축가라면 '어디에 지어지는가'를 끊임없이 의식하고, 참고할 만한 레퍼런스들을 찾는다.

그런데 이게 웬걸. 아이엠팩토리가 지어질 경기도 화성의 부지를 처음 방문한 순간 콘텍스트의 어떤 단초도 찾기 어려웠다. 여타 공장들이 들어서는 부지가 그렇듯, 고속도로를 끼고 있어 물류의 이동이 편리하면서도 도시로부터 떨어져 인구밀도가 낮은 지역이었다. 좋게 말해 한적하고 자동차로 들르기 쉬운 장소이지만, 나쁘게 말하면 주변에 논밭, 창고, 기능과 경제성에만 충실한 건축물 외에는 아무것도 없는 허허벌판이었다. 그렇지만 이러한 조건은 대한민국 모든 공장이 처해 있는 제약이기도 하다. 땅값도 땅값이지만, 서울은 공장 용도로 쓸 수 있는 땅이 한정되어 있어 공장을 짓기가

리사이클링을 위한
새로운 공간의 탄생기, 아이엠팩토리

어렵다. 주민들의 기피 민원도 넘기 어려운 산 중 하나다.

하지만 매의 눈으로 부지런히 둘러보면 어디서든 힌트는 얻을 수 있다. 주어진 부지의 2개 면은 레벨이 이어지고, 나머지 2개 면은 반대편 둔덕으로 내려가 있었다. 남측과 서측으로는 논밭이 있었고, 날씨가 좋으면 저 멀리 서해안도 보이는 특이한 위치였다. 이러한 부지의 조건을 확인한 첫날, 시선을 멀리 줄 필요가 있겠단 생각을 했다. 황량한 땅 위에 세워져 있지만, 멀리 내다보면 저 멀리 바다가 보이는 공장이라니. '바다를 꿈꾸는 공장'을 상상하는 것만으로도 숨통이 트이는 기분이었다.

달콤한 상상도 잠시, 건설을 위해 신경 써야 하는 절차가 눈앞에 빽빽하게 놓이기 시작했다. 아이엠팩토리는 폐기물처리시설로 분류되는 건축물이기 때문에 개발행위허가, 경관심의 등 다양한 행정적 절차를 먼저 밟아야 했다. 발주처에서는 설계 의뢰 전 '폐기물 처리 사업계획'을 제출하여 적합 통보를 받기도 했다. 주변 환경에 영향을 미치는 용도의 건축물인 만큼 관련 법제도 복잡미묘하다. 하지만 건축물을 구속하는 법제는, 다른 한편으로는 창의력이 발휘되게끔 도와주는 긍정적인 제약이기도 하다. 행정적 과정을 경유하면서 얻어 내는 것도 많다. 무엇보다 공장을 설계하는 일은 이제껏 해본 적 없던지라 배우는 것이 많은 과정이었다.

이런 과정들을 밟아 가며, 공장들이 왜 잘 보이지 않는 곳에 천편일률적인 모양새를 하고 있는지 충분히 이해할 수 있었다. 부지의 제약, 법규의 제약, 시간과 비용의 제약 등 길고 긴 터널을 거치고 나면, 네모반듯한 공장의 형태가 최선으로 남을 수밖에 없다. 하지만 한편으로, 이런 열악한 상황 속에서도 도전적인 클라이언트를 닮은 새로운 한끗을 만들어 내고 싶다는, 건축가로서의 욕심이 스멀스멀 올라오기 시작했다.

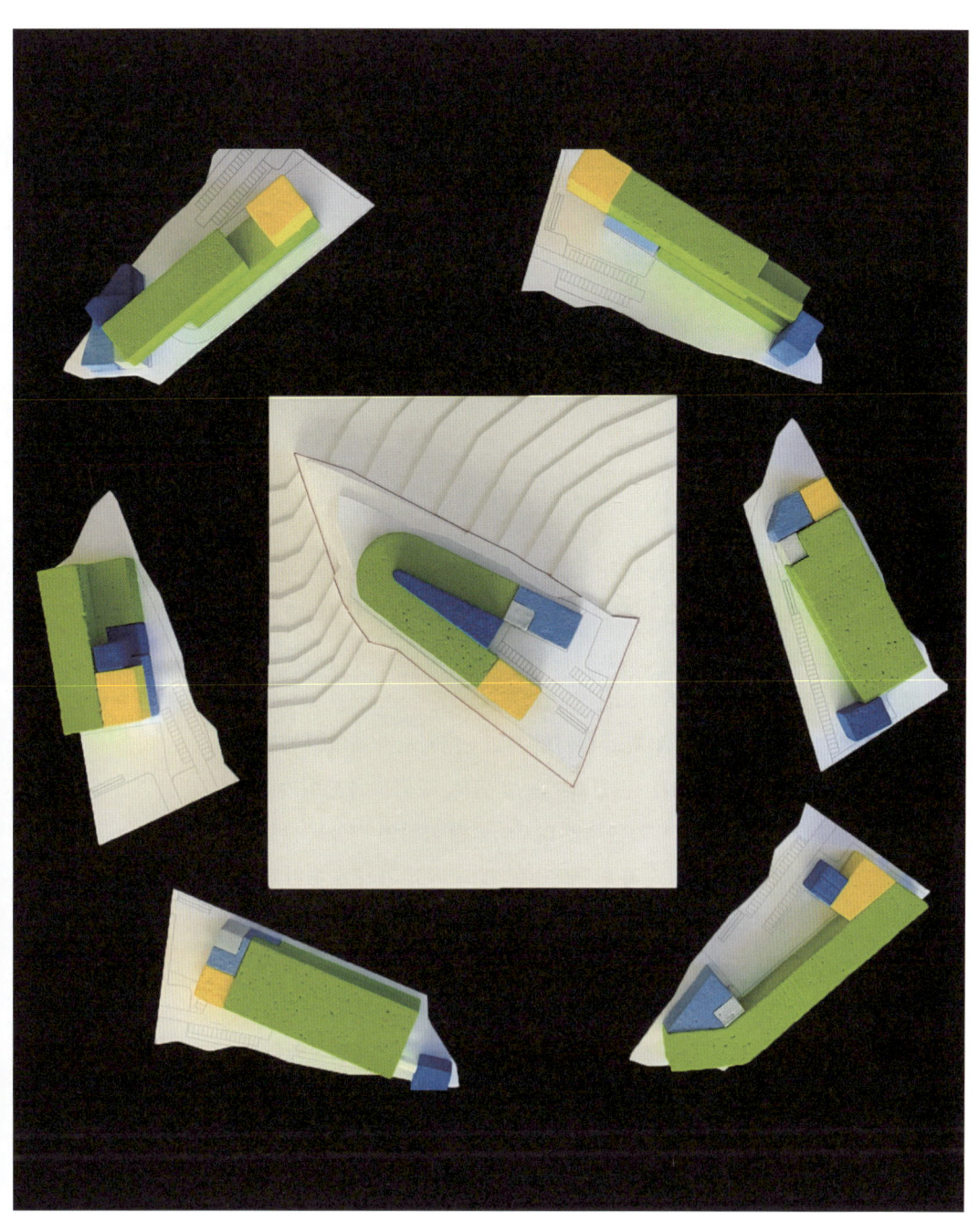

아이엠팩토리의 형태는 여러 버전으로 검토되었다.
현재는 가운데의 모형과 같은 U자형으로 확정되어
시공되었다. ⓒ김이홍 아키텍츠

거스를 수 없는 제약이
만들어 낸 U자형 매스

우리는 흔히 자유롭고 무한한 가능성이 창의적인 결과를 이끈다고 생각하지만, 아이러니하게도 제한된 조건과 장애물 속에서 생각지 못했던 의외의 결과물이 나오기도 한다. 피할 수 없는 물리적 제약이 오히려 발상의 전환을 유도하고, 새로운 해법을 낳는 계기가 되는 것이다.

 이번 프로젝트의 경우, 부지의 위치와 콘텍스트에서만 제약이 있던 것은 아니다. 공장이 갖추어야 하는 본연의 기능과 목적, 즉 공정에 들어가는 기계의 조건을 거스를 순 없었다. 기본적인 리사이클링 공장의 기능을 수행하도록 기계설비가 들어갈 대공간이 확보되어야 했다. 우리가 구축해야 할 공장은, 쉽게 말해 수거된 페트를 제품 제작에 활용할 수 있는 원료로 전환시키는 역할을 해야 했다. 페트를 장섬유의 소재가 되는 고품질 플레이크로 가공하는 공정을 수행하는 것인데, 이 공정은 전처리-분쇄-세척-건조-선별의 단계를 포함한다. 이를 위해서는 최소 길이 150m 이상의 공간이 필요했다. 그런데 땅의 가장 긴 변이 150m보다 짧았다. 이때부터 9,886㎡ 너비의 한정된 대지 안에 기계를 배치하기 위한 지난한 모험이 시작된다.

 부지 답사 후, 장비업체의 공장을 방문하는 일정을 시급히 잡았다.

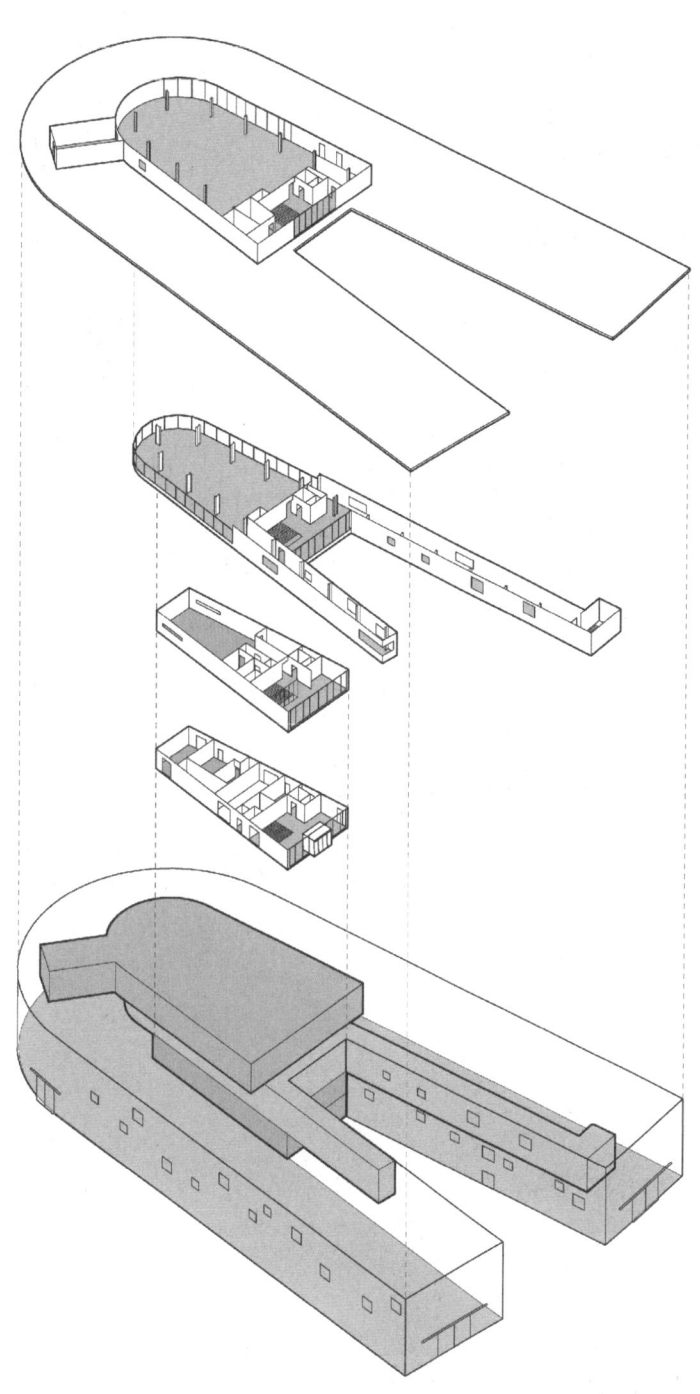

U자형 공장 부분을 제외한 실내 중앙부의 전시 갤러리,
홀과 테라스 등 공간의 투상도

리사이클링을 위한
새로운 공간의 탄생기, 아이엠팩토리

리사이클링을 위한
새로운 공간의 탄생기, 아이엠팩토리

리사이클링을 위한
새로운 공간의 탄생기, 아이엠팩토리

일반적인 일(一)자형의 건물을 유지하기 위해 공정을 1~2층에 걸쳐 복층으로 구성하는 계획안도 검토해 보았으나, 작업 효율에 악영향을 끼칠 가능성이 높았다. 이런 저런 평면을 그려 보다 일자형의 설비 라인을 중간 지점에서 구부린 U자형 매스를 도출했다. 다소 독특한 매스이긴 하지만, U자로 배치함으로써 제작 공정을 따라 새로운 기능을 더 효율적으로 수용할 수 있었기에 나름의 확신을 갖고 제안했다.

다행히 클라이언트와 장비업체는 우리의 제안을 흔쾌히 받아들였다. 사실 클라이언트가 전달한 주요 요청사항 중 하나가 '아이코닉한 매스'이면 좋겠다는 것이었는데, 그 예로 든 것이 애플 신사옥이었다. 노먼 포스터가 설계한 이 건축물은 위성 사진으로 봤을 때 우주선을 떠올리게 하는 굉장히 독특한 모양으로 널리 알려져 있다. 건물 전체가 거대한 원형 고리의 형태를 띠고 있으며, 그 중심에는 12만㎡의 자연 녹지가 조성되어 있다. 건물 내 어느 곳에서도 자연을 바라볼 수 있도록 설계된 것이다. 이 건축물은 녹지에 신경 쓴 것을 넘어 지붕 전체가 태양광 패널로 덮여 있어 100% 자체 재생에너지로 운영되는 친환경건축물이기도 하다. 애플이 추구하는 혁신, 가치를 건축물 하나로 표현한 것이다.

U자형 매스는 어떠한가? 실상 기계의 형태, 주어져 있는 대지의 규모와 형태에 맞춰 매스가 나온 상황이었으나, 결과적으로는 수퍼빈이 지향하는 '순환경제'란 개념과 아주 잘 맞아떨어지게 되었다. 폐페트병이 공장으로 들어가, 다시금 새 삶을 얻어 공장 바깥으로 나오는 과정이 자연스레 순환하는 듯한 곡선의 형태를 띠게 되었다.

센터 포인트를 중심으로 매스를 꺾는 것은 공장 전체를 오픈된, 퍼블릭 스페이스로 조성하는 데 도움이 되었다. 뒤에서 더 자세히 설명하겠지만, 중간의 꺾인 부분을 등대 삼아 작업자와 관람자 모두 아래 공간을 조망할 수 있게 되었다. 그리하여 전체 공정을 둘러볼 수 있는 중간 지점에 공장 관리를 위한 사무동을 배치했고, 공장 전체를 배경으로 다양한 전시와 공연을 진행할 수 있도록 오픈 스페이스를 조성했다. 건물 외부 공간에서도 U자형

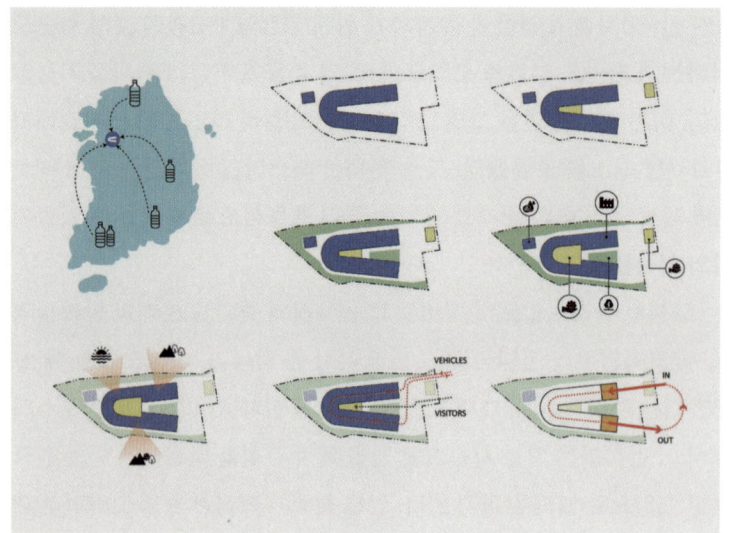

아이엠팩토리의 배치 다이어그램

매스는 또 다른 역할을 톡톡히 수행했다. U자 안쪽에 녹지를 조성해 공장의 직원들이 작은 공원을 누릴 수 있도록 한 것이다. 매스를 꺾으니 클라이언트가 원했던 모든 게 깔끔하게 풀렸다.

세상과의 소통을 강조한
아이엠팩토리의 입면 이야기

건축에서 입면(Facade)은 건물의 기능성과 미학을 결정짓는 핵심 요소이다. 구조가 건축물의 안정성과 기능성을 보장하는 기본 뼈대라면, 입면은 건축물의 인상을 결정하는 얼굴이라 할 수 있다. 건축가의 창의성, 차별성을 발휘할 수 있는 요소이기에 상당 시간 공을 들이는 영역이기도 하다.

외장재는 건축물의 피부라 할 수 있다. 아이엠팩토리의 외장재로는 경제적이면서도 기능적인 샌드위치 패널을 사용했다. 샌드위치 패널은 철골 구조와 잘 결합할 수 있을 뿐만 아니라 내구성이 좋고 유지보수에 유리한 재료이기 때문이다. 다만 공장이나 창고 건물에 보편적으로 사용되는 재료라는 점이 걸렸다. 일반적인 공장의 이미지로부터 탈피하고 문화시설로서의 새로운 이미지를 표현하기 위해, 3가지 표현법으로 구성된 입면을 적층시켜서 건물의 큰 볼륨감에 다양성을 더했다. 지면에서 1.2m 높이까지의 구간은 기능적인 이유로 시멘트블록을 사용했다. 화물용 차량의 통행과 작업 중 발생할 수 있는 건물의 파손을 막기 위한 목적으로 선택한 것이지만, 단단한 기단이 미학적 요소를 더하기도 한다. 그 위로는 금속강판을 성형하여 만든 골강판이 주요 외장재 역할을 한다. 1.2m 높이의 시멘트블록 위로 13.5m

리사이클링을 위한
새로운 공간의 탄생기, 아이엠팩토리

높이의 입면을 하나의 재료로 표현하였지만, 1:3의 비율로 높이를 나누어 색을 변화시키고 상단부를 25cm 돌출시켜 디테일을 더했다. 건물 외곽 전체적으로 골강판 구간 단차에 선형 다운라이트를 설치하여 경관 효과도 더했다. 비교적 흔한 재료를 사용하되 작은 부분에 힘을 주어 차별화를 시도했다.

외장재의 선택에 더해 오랜 고민의 흔적이 담긴 요소 중 하나는 입면의 창 계획이었다. 물론 공장 설계에서 흔한 고민은 아니다. 건물의 입면에 불규칙하게 창을 내어 공장 내부에서도 햇빛을 만끽할 수 있도록 계획했다. 덕분에 아이엠팩토리의 내부 공간은 여느 공장처럼 어둡고 인공적인 조명으로 가득한 공간이 아니라, 밝고 따사로운 분위기를 가진 공간이 되었다.

따사로운 분위기를 의도했던 건 클라이언트의 중요한 요청사항 중 하나가 '근무자들이 일하기에 좋은 환경'을 조성해 달라는 것이었기 때문이다. 맨 처음 이 요구를 듣고 이탈리아에 있는 페라리 공장을 떠올렸다. 페라리 공장처럼, 생산의 공정 설계도 멋지지만 조경도 멋지고, 근무자들이 중간중간 쉬어 갈 수 있는 포인트가 많은 곳이라면 어떨까. 쉼터를 별도 마련하는 한편, 2~3층의 입면부에 난 불규칙적인 창들 사이로 하늘을 올려다보고 공장 바깥의 나무도 내다볼 수 있도록 했다. 3층의 관람 동선에서도 창을 통해 바깥 풍경을 맞이한다. U자형 건물의 내측을 향한 창을 통해서는 진입부의 조경이 내려다보이며, 외측의 창을 통해서는 공장 설비와 원경의 자연, 하늘이 중첩되어 보인다.

혹자는 사람이 많이 찾지도 않을 공장 건축에 왜 그리 많은 시간과 비용, 공을 들였는지 물을지도 모른다. 바로 그 정반대의 지점에 서 있는 공장 건물을 생각했기에 가능한 일이었다. 제조 공정에서의 효율뿐 아니라 그곳에서 일하는 직원들의 만족도 함께 생각하는 공간, 더 많은 사람들이 찾아와 순환경제 시스템을 직접 몸으로 느낄 수 있는 공간, 기계와 사람, 그리고 자연이 공존하는 공간... '공장' 하면 떠오르는 스테레오타입으로부터 최대한 멀리, 멀리 떨어져 나오고 싶었다.

팩토리를 살아 숨 쉬는
뮤지엄으로

공장이나 발전소 같은 산업 공간을 미술관으로 리모델링한 사례는 어렵지 않게 찾아볼 수 있다. 영국 런던의 '테이트 모던'은 뱅크사이드 화력발전소를 현대미술관으로 탈바꿈시킨 대표적인 예이며, 중국 베이징의 '798 예술구'는 국영 군수 공장을 대형 예술특화지구로 재탄생시킨 사례다. 이처럼 산업화 시기에 공업이 발달했던 많은 도시들은 도시재생의 일환으로 이러한 공간 변화를 시도해 왔다. 그런데 공장 자체를 미술관이나 박물관처럼 사유하고 조성하는 사례는 얼마나 될까?

  상상하기 어려울 수 있지만, 아이엠팩토리는 기획 단계에서부터 공장일 뿐만 아니라 문화적 공간 역할을 할 수 있도록 계획되었다. 리사이클링 공장인 동시에 아름다운 미술관이자 공연장이어야 하는 공간. 상반된 성격의 공간을 하나의 건물에 담아내야 하는 과제를 부여받은 것이다.

  건축물의 중심부에는 아이엠팩토리를 찾은 방문객들을 위한 문화적 기능들이 삽입되었다. 예컨대 3층에는 공장을 한눈에 둘러볼 수 있는 공간과 재활용 관련 제품들을 전시하는 갤러리가 배치되었고, 4층에는 이벤트홀과 카페테리아, 테라스가 계획되었다. U자형 공간이 3개 층 높이로 크게

열린 공간에서는 오케스트라 연주가 열리기도 했다. 처음부터 의도한 것은 아니지만, 4층 공간의 1/3가량은 유기견을 위한 임시보호소로 사용 중이다.

건축물과 주변 환경을 이어 주며, 건축의 완성도를 높여 주는 조경에 있어서도 아이엠팩토리만의 색깔을 담아내려 했다. 폐기된 자원을 새롭게 되살리는 역할을 하는 공간인 만큼, 새로 구매한 나무가 아닌, 경기도의 한 재개발 아파트 단지에서 버려진 나무들을 써서 녹지 조경을 조성했다. 재개발 단지에서 회수한 수목을 곧바로 다른 곳에 이식했을 때 토양이 잘 안 맞거나 관리 미숙의 문제로 시들어 죽는 경우가 있다 보니, 농장에서 '뿌리돌림'을 하여 3년 정도 잘 키워 낸 수양벚꽃나무 1그루와 모과나무 3그루를 가져와 심었다. 자원을 순환시켜 새로운 생명을 부여하는 아이엠팩토리의 성격을 상징적으로 드러내는, 작지만 의미심장한 공간이다.

아이엠팩토리의 시퀀스는 공연장이나 전시장의 시퀀스와 같이 일반 방문객의 경험을 염두에 두고 짜여졌다. 폐기된 페트가 U 모양의 건축물 한쪽 끝으로 들어와 선형의 처리 공정을 거친 후 고품질 플레이크가 되어 반대쪽 끝으로 나가는 동안, 방문객은 공원을 따라 건축물의 중심으로 바로 진입한다. 멀리서 차를 타고 들어와 주차를 하고, 건물의 독특한 외경을 바라보고, U자 가운데로 난 숲을 통해 로비로 들어온 후, 3층으로 올라와 공장 전체를 관람한다. 별도의 공연이나 전시가 이루어지기도 하지만, 아이엠팩토리의 공정 그 자체가 훌륭한 전시 콘텐츠이자 교육 콘텐츠가 되어 준다.

이런 문화 공간과 조경 공간은 방문객이 직접 자원의 순환과 건축의 사회적 영향을 체험해 볼 수 있는 공간들이다. 말하자면 도시와 공장 사이를 매개하는 관문 공간인 셈이다. 이런 공간들이 없다면 아무리 좋은 건축물을 짓더라도, 시민들에게는 딴 세상 건물일 따름이다. 그리고 자원을 순환시켜 만들어 낸 아이엠팩토리의 조경 공간은 공장 건축에 흔하지 않은 요소로서, 방문객들이 전시와 체험을 마치고 도시로 퇴장하는 길에 다시 한 번 수퍼빈이 환원하고자 하는 가치를 되새기게 해준다.

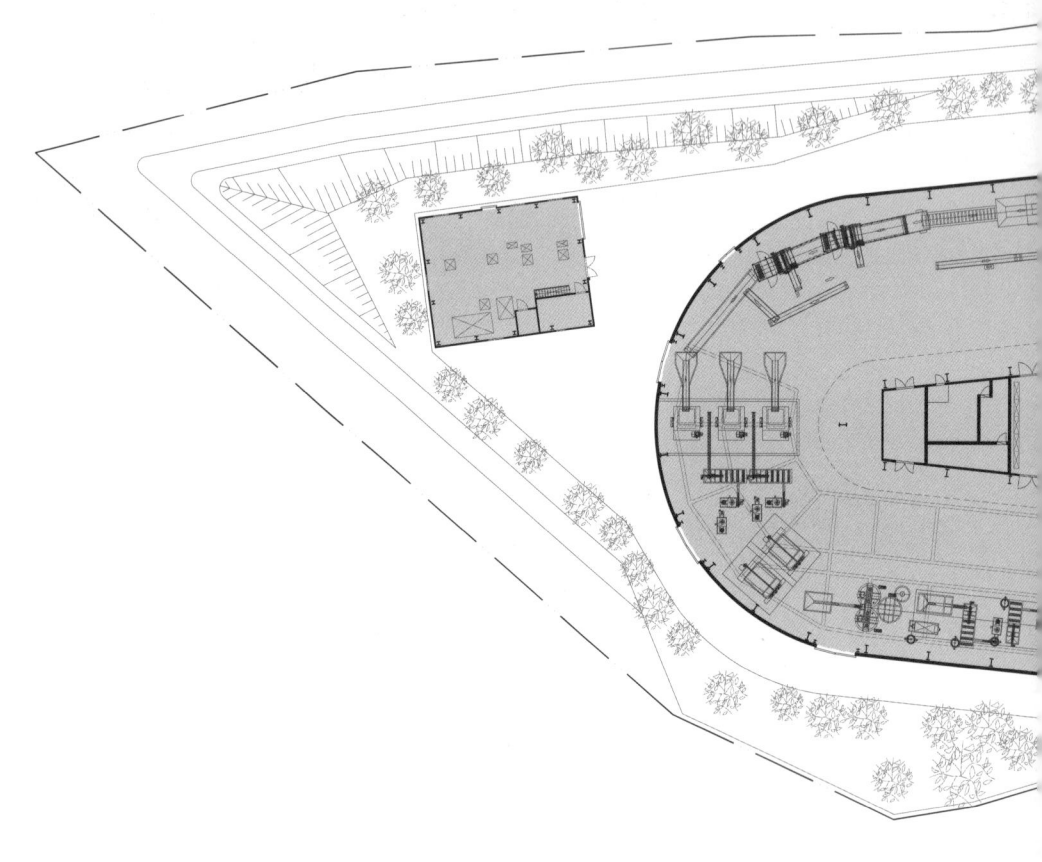

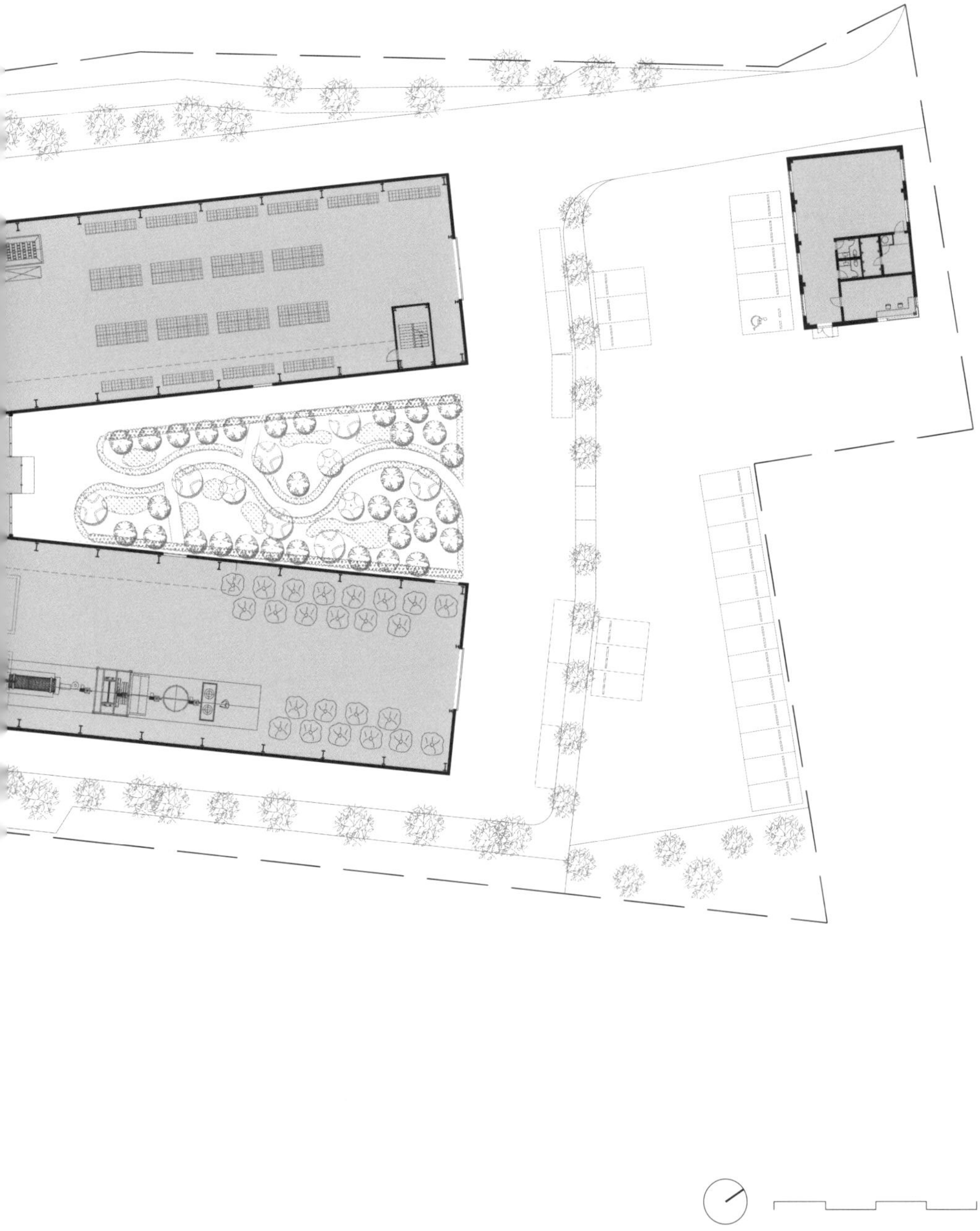

아이엠팩토리 1층 평면도

아이엠팩토리 3층 평면도

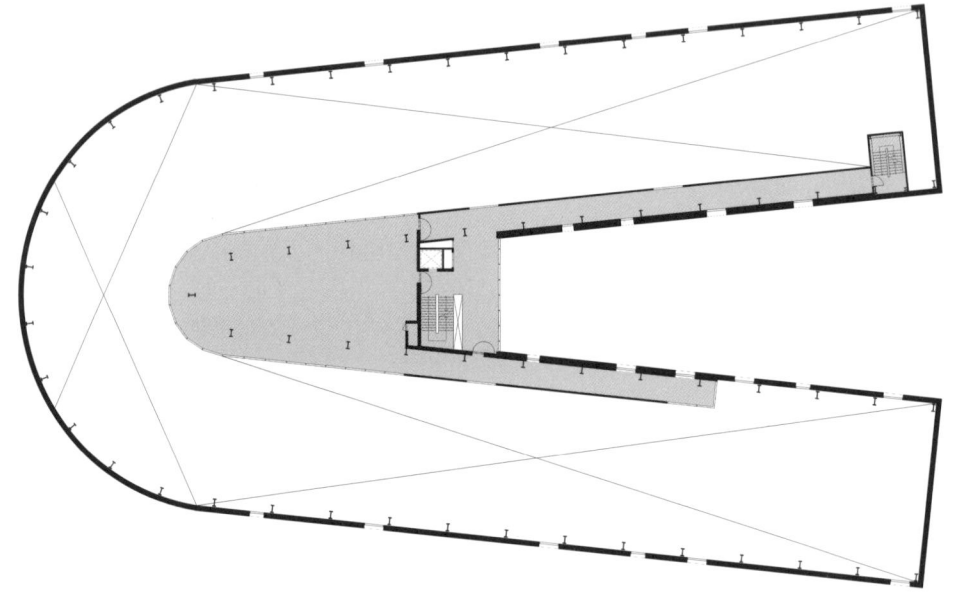

**리사이클링을 위한
새로운 공간의 탄생기, 아이엠팩토리**

아이엠팩토리 4층 평면도

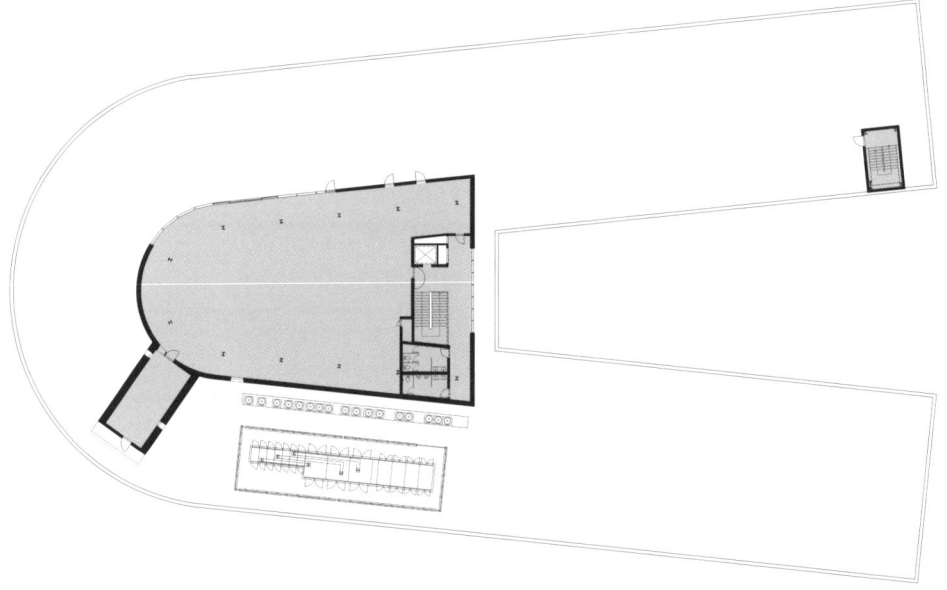

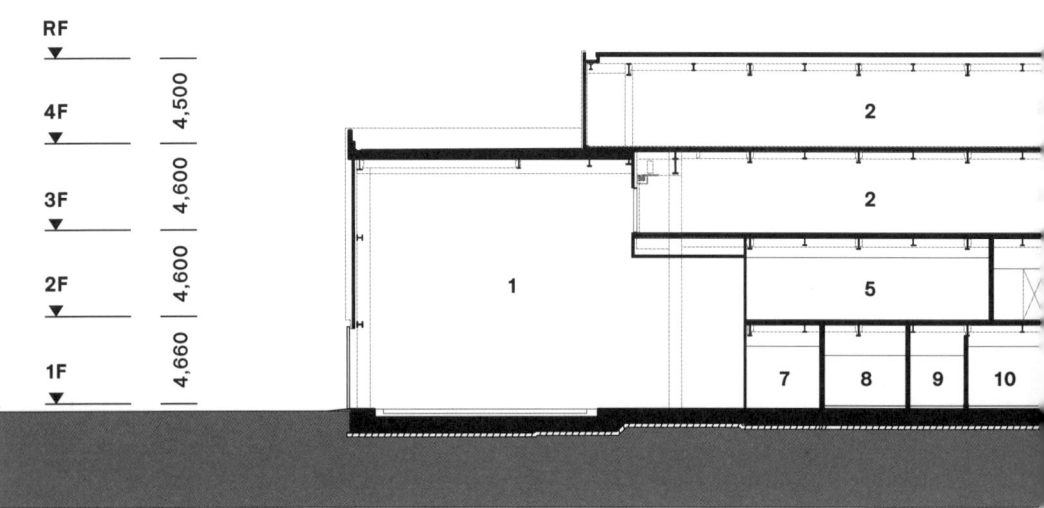

아이엠팩토리 단면도

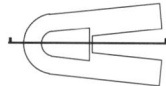

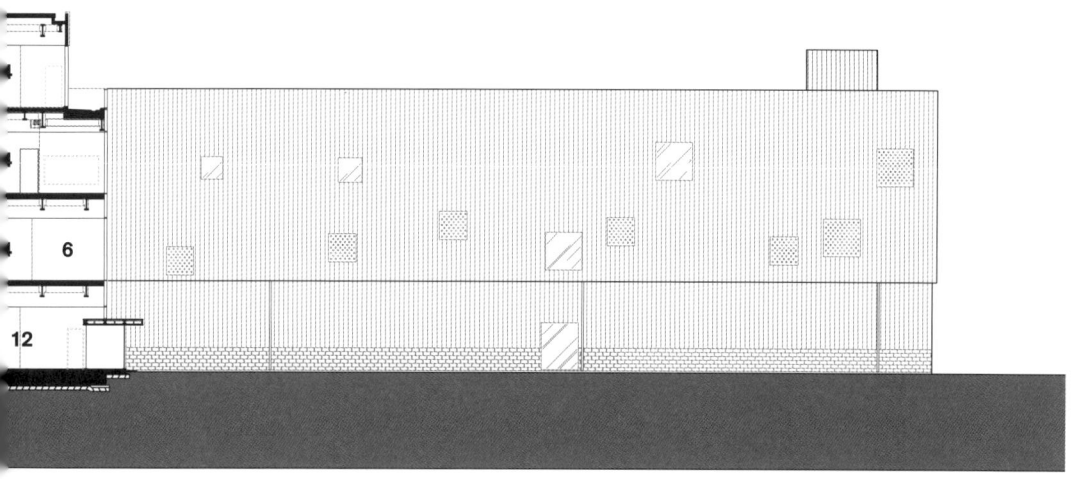

1. 실내 작업장
2. 전시문화공간
3. 화장실
4. 홀
5. 운영실
6. 회의실
7. 품질룸
8. 직원휴게실
9. 탈의실
10. 탈의실
11. 보일러실
12. 로비

리사이클링을 위한
새로운 공간의 탄생기, 아이엠팩토리

아이엠팩토리 단면투시도

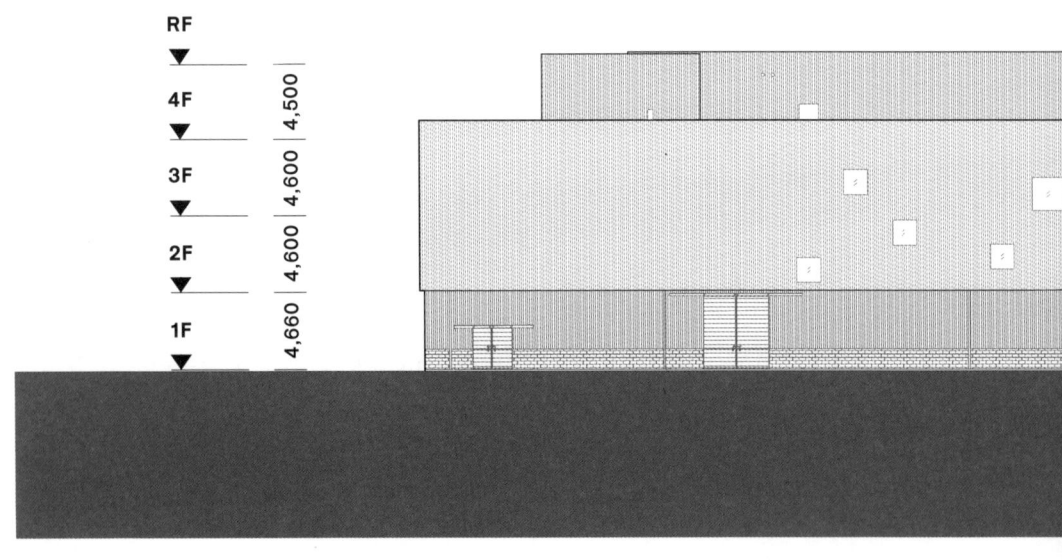

아이엠팩토리 입면도

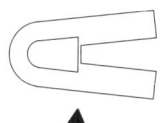

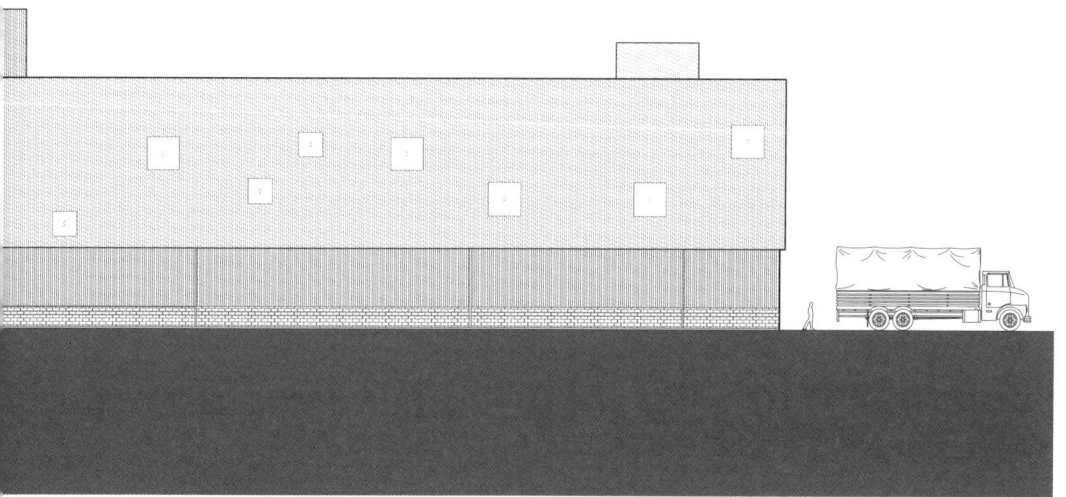

10m

에필로그

**폐기에서 생산으로,
시설에서 공간으로,
건물에서 지역으로**

한적한 국도를 따라가다 보면 공장, 자원회수시설, 데이터센터, 물류센터 같은 시설들을 종종 마주치게 된다. 현대인의 삶에 꼭 필요한 시설들이지만, 비용 문제와 민원 등의 이유로 대개 도심에서 멀리 떨어진 외곽에 자리 잡는다. 눈에서 멀어지니 당연히 우리의 관심사에서도 멀어진다. 우리에게 오는 생필품들이 어디에서 어떤 과정을 거쳐 오는지, 우리가 내다 버리는 이 폐기물은 최종적으로 어디로 가는 것인지 알지 못한 채, 우리의 일상엔 사서 쓰는 행위만 남게 된다.

아이엠팩토리 건축을 준비하며 다양한 방향으로 스터디하고 고민했던 입장에서, 그중 일부 시설—특히 자원회수시설 같은 경우—은 오히려 도심 안에 있을 때 더 큰 시너지를 낼 수 있지 않을까 상상해 보기도 한다. 우리가 사는 곳 바로 아래 지하에 하수처리시설이 묻혀 있는 것처럼, 도시 계획 단계에서부터 시설의 위치와 쓰임을 함께 고민한다면 충분히 실현 가능한 이야기다. 최근에는 재건축 아파트 단지를 중심으로 '생활쓰레기 자동집하시설'이나 '음식물쓰레기 자동진공이송시스템' 같은 설비가 도입되고 있는데, 여기서 한 걸음 더 나아가 보자는 제안이다.

예컨대, 재건축되는 3,000세대 정도의 큰 아파트 단지들에는 자원 회수 로봇 네프론을 곳곳에 설치하고, 아이엠팩토리 같은 시설을 처음부터 지하에 넣어 보면 어떨까? 혹은 편의성을 더욱 높여 각 세대 내부에서 집하장으로 플라스틱을 직접 이동시킨 후 무인으로 플레이크를 생성할 수도 있다. 이렇게 만들어진 플레이크를 원재료 삼아 각자 집에서 3D 프린터로 필요한 생필품이나 재미있는 장난감들을 만들어 볼 수도 있지 않을까? 시설 임대료를 받거나 플레이크를 생산 공장에 되팔아 아파트 관리 비용으로 충당해 볼 수도 있을 것이다. 아파트 단지 내에서 사용한 물건의 폐기부터 새로운 물건의 생산까지 진정한 순환 경제가 실현될 수 있는 것이다. 단지 내에서 자원을 순환시킴으로써 물류 비용과 물류에 따른 환경 피해도 줄일 수 있을 것이다.

비단 주거지 내로만 한정 지을 문제는 아니다. 주거지만큼이나 생활폐기물이 많이 나오는 대기업 사옥, 산업단지 등에서도 충분히 도입을 해 볼 만한 가치가 있다. 그리고 이런 시도들은 이미 조금씩 진행되고 있다. 최근 지어진 네이버 제2사옥에는 30여 대의 네프론이 설치되었는데(네이버 외에도 삼성디스플레이·삼성바이오로직스·LG전자·SK이노베이션 등 최근 다양한 기업에서 친환경 오피스 조성 차원에서 도입하고 있다), 더 많은 기업과 공공기관, 지자체 등에서 이런 시도들을 한다면, 사회 전체적으로 끼치는 영향력이 상당할 것이다.

성수 등 지역에 여전히 구두나 의류 생산 공장이 자리 잡고 산업을 이끌고 있는 것처럼, 아이엠팩토리 같은 시설이 도심 안에 자리 잡는다면 어떨까? 우선 그 자체로 기후, 환경과 관련한 메시지를 발화하는 영향력 있는 공간이 될 것임이 분명하다. 특히나 아이코닉한 건축물로 만들어져 전시장, 공연장 등 다양한 용도가 접목된다면, 도시 내에서 새로운 경관을 만들어 낼 수 있음은 물론이다. 쓰레기를 우리가 살아가는 공간 바깥으로 밀어내기만 할 것이 아니라, 적극 들여 올 때 우리는 '덜 해로운 방식'으로 제품을 만들어 내고 쓰레기를 처리할 방법들을 고민해 보게 될 것이다.

지금까지 쓰레기의 여정을 따라, 건축 관점에서 주목해 본 적 없던 '폐기의 공간'들을 살펴보았다. 현재까지는 대다수 폐기의 공간들이 쓰레기를 묻거나 태우는 용도로 만들어지고 쓰였다. 쓰레기를 묻거나 태우는 것은 쓰레기의 처리를 내일로 미루는 일이다. 묻은 쓰레기는 결국 '썩지 않는 쓰레기'의 문제가 되어 우리에게 돌아오고, 태운 쓰레기는 유독 물질의 문제를 일으키거나 소각 잔재의 처리를 고민케 한다. 재활용은 윤리적인 해결책일 뿐 아니라, 경제적이고 합리적인 해결책이다. 제품을 기획하고 만드는 단계에서부터 재활용 가능성과 활용 방식을 미리 염두에 두어야 하는 이유다.

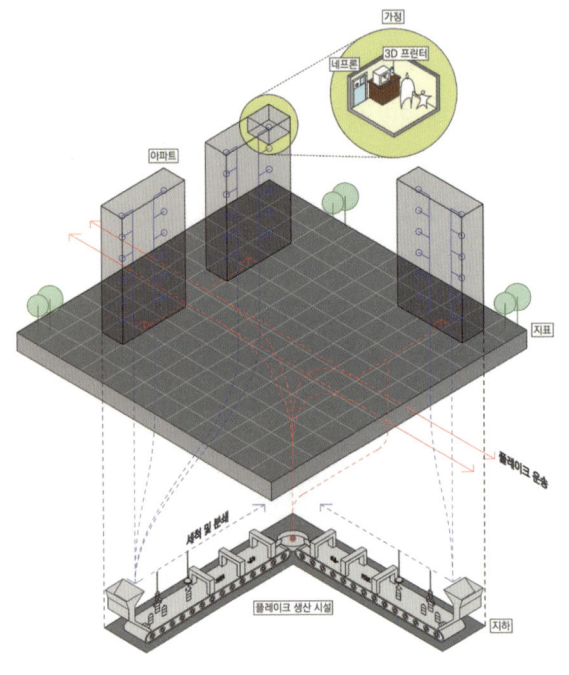

사용한 물건의 폐기부터 새로운 물건의 생산까지 진정한 순환 경제가 실현될 수 있는 아파트 단지의 구상도

다행히 많은 기업들이 기후 위기 문제와 지속 가능한 경영 방식에 높은 관심을 보이고 있으며, 실제로 투자 유치 과정에서도 ESG(Environmental, Social, Governance) 경영 여부가 기업 가치를 높게 평가받는 데

유리하게 작용하고 있다. 때문에 앞으로 재활용을 위한 공간은 더 많이 만들어질 것이다. 건축가들이 해야 할 일은 재활용을 위한 공간에 걸맞은 창의성을 발휘하는 것이다.

매립지와 소각장이 물질의 무덤과 같은 공간이라면, 재활용을 위한 공간은 물질이 재탄생하는 곳이다. 따라서 재활용을 위한 공간은 사람들의 삶에 자연스럽게 어우러지고 삶에 활기를 불어넣을 수 있어야 한다. 기존의 쓰레기를 처리하는 시설들처럼 보이지 않게 감춰질 것이 아니라, 물질을 다시 도시로 돌려보내는 과정을 재치 있고 불편하지 않게 드러내 주어야 한다.

이 과제를 풀어내기 위해서 결국 건축물은 지역에 밀착할 수밖에 없다. 아이엠팩토리 중정에 뿌리내린 나무처럼, 건축물 역시 한 지역에 뿌리내린 지역적 존재일 수밖에 없기 때문이다. 자신이 뿌리내릴 지역을 잘 이해하고 그 지역에 도움이 되기 위해 할 수 있는 일이 무엇인지를 끊임없이 탐구하는 태도가 필요하다.

폐기를 생산으로 전환시키는 새로운 역동 안에서 공간과 건축이 해야 할 역할이 많다. 건축가로서 환경에 부담 주는 일들을 너무 많이 벌이고 있는 건 아닐까 죄책감 아닌 죄책감을 느끼는 날이 많았는데, 이러한 공간들을 떠올리다 보면 마음 한편이 조금은 가벼워지는 기분이다. 개인, 기업을 위한 건축 작업을 넘어, 지역과 환경에 기여할 수 있는 건축가로서의 역할이 앞으로 더 늘어났으면 하는 바람이다.